Gadertal
und Gröden

UMSCHLAG
Der Weiler Biei Defora in Enneberg
Der Langkofel in Gröden

1998
Alle Rechte vorbehalten
© by Verlagsanstalt Athesia Ges.m.b.H., Bozen
Gesamtherstellung: Athesiadruck, Bozen
ISBN 88-7014-955-2

Isolde von Mersi
Norbert Scantamburlo

Gadertal und Gröden

Südtirols ladinische Täler

VERLAGSANSTALT ATHESIA · BOZEN

INHALTSÜBERSICHT

ERSTES KAPITEL
Volk aus ferner Zeit: Die Dolomitenladiner
7
Drei Sprachen unter einem Dach: Die ladinische Autonomie
Die vergessene Nation: Geschichte der Ladiner
Vom Bauern- zum Ferienland: Ladinische Lebensgrundlagen

ZWEITES KAPITEL
Blütenmeer im Felsenreich: Ladinische Landschaften
21
Netzwerk zwischen Felsmassiven: Gröden und das Gadertal
Im Herzen des Gebirges: Die Paßlandschaft rund um die Sella
Bollwerke der Natur: Die Massive im Grödner und Gadertal
Grüne Inseln im Kalk: Die Almen der ladinischen Täler
Wild, Wald und Wiesen: Flora und Fauna der Dolomitentäler

DRITTES KAPITEL
Zwei Täler, acht Gemeinden: Ladinische Lebensräume
67
Schnitzwerkstätten und Sportarenen: Die Orte im Grödner Tal
Zentren des Vergnügens, Horte der Einsamkeit: Die Orte im Gadertal
Holz hält fast ewig: Bäuerliche Kultur und Kunst
Wahrzeichen der alten Welt: Burgen und Kirchen
Hochzeitshüte und Haarkrönchen: Brauchtum zwischen Tradition und Kommerz

ERSTES KAPITEL

Volk aus ferner Zeit: Die Dolomitenladiner

Inmitten steiler Berge aus schwarzen Felsen lebte ein Prinz. Er sehnte sich so sehr nach einer Reise zum Mond, daß er schwermütig wurde. Eines nachts nahmen ihn zwei uralte Mondmänner mit zum silbernen Planeten. Der Königssohn verliebte sich in die Tochter des Mondkönigs, drohte aber schon bald wegen des gleißenden Mondlichts zu erblinden. Die Mondprinzessin fuhr mit ihm auf die Erde. Doch die schwarzen Felsen machten ihr Heimweh, sie wurde sterbenskrank und mußte auf den Mond zurück. Sie dort oben, er hier unten: Nun verzehrten sich beide im Trennungsschmerz. Der König der Salvans, eines vertriebenen Zwergenvolks, half dem unglücklichen Prinzen für das Versprechen, in alle Zukunft unbehelligt in seinem Alpenreich leben zu dürfen. In einer einzigen Nacht spannen die kleinen Leute die Mondstrahlen zu glänzendem Garn und überzogen damit jede einzelne Spitze der schwarzen Felsen. Am nächsten Tag leuchtete das ganze Gebirge weiß, die Mondprinzessin konnte ohne Gefahr wiederkommen und bleiben.

✻

Karl Felix Wolff, der bekannteste Sammler und Autor der Dolomitensagen, hat den Mythos »Die bleichen Berge« 1905 erstmals veröffentlicht. Der Titel ist längst zum Synonym für die Dolomiten geworden, die Geschichte in aller Welt bekannt.

Die modernen Sagenforscher sind sich darin einig, daß Wolffs schwärmerisch romantisierende Dolomitensagen teilweise Frucht seiner eigenen Fabulierlust sind. Die Kerne dieser alten Geschichten, ihre Herkunft, ihre ursprünglichen Versionen lassen sich wissenschaftlich kaum noch identifizieren. Sicher ist aber: Ihre Erfinder, die Dolomitenladiner, sind durch die Jahrhunderte ein ebenso phantasie- wie erzählbegabtes Volk gewesen. Ausschließlich mündlich, ohne Grammatik, ohne Rechtschreibung, ohne Bücher und Dokumente, haben sie mit ihren Liedern und Erzählungen, den »contíes«, ihre Kultur von Generation zu Generation überliefert und so ihr historisches Gedächtnis bewahrt.

Bis zur Völkerwanderung reichte das Siedlungsgebiet der Ladiner geschlossen von der Donau im Norden bis zum Gardasee im Süden, vom St.-Gotthard-Paß im Westen bis Triest im Osten. Danach haben Alemannen und Bayern, Slawen und Venezianer nach und nach die meisten ladinischen Lebensräume erobert, die Bevölkerung assimiliert. Das Volk der Ladiner besteht heute aus einer kleinen Gruppe von rund 800.000 Menschen, verteilt auf vier Inseln im Alpenraum, auf Graubünden, die Dolomiten, auf Comelico und Friaul.

In den Dolomitentälern um das Sellamassiv, in Cortina d'Ampezzo, in Buchenstein/Fodom, im Fassatal/Fascia, im Gadertal/Val Badia und in Gröden/Gherdëina leben heute geschätzte 30.000 Ladiner. In den beiden Südtiroler Tälern Gadertal/Val Badia und Gröden/Gherdëina haben sich bei der letzten Volkszählung 1991 mehr als 90 Prozent der Einheimischen als Ladiner registrieren lassen. Weil das zusammen aber nur mehr 18.500 Personen und nur 4,3 Prozent der Südtiroler sind, ist die älteste Sprachgruppe der Provinz Bozen zugleich die kleinste, sie zählt knapp viereinhalb Prozent der Einwohner.

Schlichte Unkenntnis über das kleine, abgeschieden lebende Volk in seinen schwer zugänglichen Tälern, das Fehlen einer einheitlichen Schriftsprache, aber auch nationalistische deutsche und italienische Besitzansprüche haben in der Vergangenheit häufig zu heftigen Auseinandersetzungen über die Eigenständigkeit des Ladinischen geführt. Mittlerweile bestehen aber keine Zweifel mehr daran, daß es eine echte Sprache mit romanischer Grundsubstanz ist.

Entstanden ist sie aller Wahrscheinlichkeit nach zwischen dem Jahr 15 v. Chr. und dem 5. Jahrhundert – in jener Zeit, als die Römer die Alpengebiete ihrem Reich einverleibten. Mangels genauerer Kenntnisse bezeichnen die Geschichtsschreiber die vorrömische Urbevölkerung der Alpen als »Räter«. Diese Alteingesessenen haben das Volkslatein der römischen Soldaten, Beamten und Händler teilweise in ihren einheimischen Wortschatz integriert. Dazu kamen Lautverschiebungen und Spracheinflüsse der im Norden und Süden angrenzenden Nachbarn. Das Resultat all dieser Veränderungen wird außer Ladinisch auch »Rätoromanisch« genannt.

Als die Römer im 5. Jahrhundert allmählich aus dem gesamten Alpenraum verschwanden, sind die »Rätoromanen« geblieben. Und haben in manchen alpinen Gegenden ihre von Tal zu Tal variierende Sprache vor der Vereinnahmung durch die nachfolgenden fremdsprachigen Besiedler gerettet. In Südtirol haben sich die Ladiner dort verschanzt, wo die baiuwarischen Siedler nicht hinwollten oder -fanden: In den schwer zugänglichen, an ihren Eingängen durch Felsen und enge Schluchten gut abgeschotteten und an ihren Enden durch das mächtige Bollwerk des Sellamassivs verriegelten Dolomitentälern.

Drei Sprachen unter einem Dach: Die ladinische Autonomie

Die Ladiner der Provinz Bozen sind seit 1951 offiziell als eigene Sprachgruppe neben der deutschen und der italienischen anerkannt. Das Anfang der siebziger Jahre geschnürte »Paket«, das Sonderstatut für die Region Trentino-Südtirol, enthält Schutzbestimmungen für die Ladiner der Provinzen Bozen und Trient. Politisch sind die Südtiroler Ladiner im Regionalrat und im Bozner Landtag durch mindestens einen Abgeordneten vertreten. Öffentliche Stellen werden an Gadertaler und Grödner im Verhältnis zur Stärke ihrer Volksgruppe oder im Verhältnis zur Anzahl ihrer gewählten Vertreter vergeben. Seit 1989 müssen die öffentlichen Verwaltungen der beiden ladinischen Täler Südtirols neben dem Deutschen auch das Ladinische verwenden. Die örtliche Presse, Rundfunk und Fernsehen bringen täglich Berichte in ladinischer Sprache, außerdem können die Gadertaler und die Grödner Fernseh- und Radioprogramm der Rätoromanen im Schweizer Kanton Graubünden empfangen.

Bald nach dem Zweiten Weltkrieg haben die lokalen Ladinervereinigungen Grödens und des Gadertals zusammen mit den Fassaladinern die »Uniun Generela di Ladins dla Dolomites« gegründet als Vertretung für die Interessen aller Dolomitenladiner.

Seit 1948 veröffentlicht sie eine eigene Zeitschrift, bis 1972 hieß diese »Wir Ladiner«/«Nos Ladins«, seither trägt sie den Titel »Die Stimme der Ladiner«/«La Usc di Ladins«. Mit Hilfe der »Generela« konnte die Grödner Sektion 1954 in Sankt Ulrich/Urtijëi die Cësa di Ladins eröffnen, ein Kulturzentrum mit Theatersaal und Bibliothek, mit dem Grödner Talmuseum und einem Aufnahmestudio für Rundfunksendungen. Für die Täler Gröden/Gherdëina und Gadertal/Val Badia ist seit 1976 in Sankt Martin in Thurn/San Martin de Tor das ladinische Kulturinstitut/Istitut Cultural Ladin »Micurá de Rü« mit einem Sekretariat in Wolkenstein/Sëlva eingerichtet. Es erforscht die ladinische Sprache, die Geschichte und Volkskultur, es veröffentlicht ladinische Schriften, es führt eine Bibliothek und ein Archiv, es hält Sprachkurse und kümmert sich um die Erwachsenenbildung.

Aktiv wirkt an der Gestaltung ladinischen Lebens auch die 1955 etablierte ladinische Sektion der Sendeanstalt Rai in Bozen mit ihren Radio- und Fernsehbeiträgen mit, darüber hinaus auch noch die 1981 gegründete Schriftstellervereinigung »Uniun Scriturs Ladins Agacins«, die Vereine »Ert por i Ladins«, der Grödner Museumsverein, die Grödner Naturschutzorganisation »Lia per natura y usanzes« und der bereits 1920 gegründete Kunst- und Kulturverein in Sankt Ulrich, der mit monatlichen Ausstellungen die einheimische Kunstszene in den Blickpunkt stellt.

Fast babylonisch mutet für Außenstehende das Schulmodell der Südtiroler Ladiner an, die in Italiens einziger dreisprachiger Provinz als einzige Sprachgruppe von Kindesbeinen an nicht nur zwei, sondern alle drei Landessprachen lernen müssen. Seit 1975 ist in Bozen ein eigenes Schulamt für die ladinischen Täler zuständig, seit 1987 auch ein eigenes Pädagogisches Institut. »Paritätischer Unterricht« nennt sich das Prinzip, nach dem seit 1948 an ladinischen Schulen gelehrt und gelernt wird. In der Praxis bedeutet es, daß nach einer ausgeklügelten Eingewöhnungsphase mit Ladinisch als Anleitungs- und Verständigungssprache für die erste Klasse in allen Schultypen bis zum Abitur der Unterricht zur Hälfte in deutscher, zur Hälfte in italienischer Sprache erfolgt. Die ein bis zwei Stunden zusätzlicher Unterricht in der Muttersprache sind allerdings nach Ansicht vieler längst nicht genug – zumal das Ladinische längst nicht mehr nur eine Handwerker- und Bauernsprache mit beschränktem Wortrepertoire ist, sondern einen kontinuierlichen und markanten Ausbauprozeß seines Sprachgebäudes und Wortschatzes erfährt. Anderseits hat die Schulpraxis gezeigt, daß der paritätische Unterricht keineswegs zur Sprachverwirrung führt. Im Gegenteil: Der gleichwertige Gebrauch des Deutschen und Italienischen verhindert, daß das Ladinische von einer der beiden Fremdsprachen zu sehr beeinflußt wird und erhöht überdies die Sprachkompetenz. Zu Recht betrachten engagierte Pädagogen, Eltern und Lehrer ihr Schulsystem als Vorbild für Europas Weg in die Mehrsprachigkeit.

Mehr schlecht als recht abgesichert sind die Lebensbedingungen der Dolomitenladiner außerhalb der Provinz Bozen. Die Fassaladiner in der Provinz Trient haben sich immerhin einige wichtige Einrichtungen erkämpft: Das 1975 gegründete Kulturinstitut, das Istitut Cultural Ladin »Majon di Fascegn« in Vich/Vigo di Fassa, ladinische Sprache im Kindergarten, obligatorischen Ladinischunterricht in den Pflichtschulen, Ladinisch als Amtssprache neben dem Italienischen und den Empfang ladinischer TV- und Radioprogramme. Die Buchensteiner und die Ampezzaner in der Provinz Belluno indessen sind nicht einmal als ethnische Minderheit amtlich anerkannt oder zahlenmäßig erfaßt. Sie haben weder eigene politische Vertreter noch Schulen und bekommen allenfalls für kulturelle Projekte öffentliche Zuschüsse.

Die Dolomitenladiner sind sich darin einig, daß ihre Aufsplitterung auf zwei Regionen und drei Provinzen, die daraus resultierende Ungleichheit mit die größten Hindernisse für ihre Sprachgemeinschaft sind. Denn selbst die vergleichsweise privilegierten Südtirolladiner haben keinen Zweifel daran, daß zur Erhaltung der kleinen Nation noch viel weitreichendere wirtschafts-, gesellschafts- und kulturpolitische Maßnahmen notwendig sein werden. Ein mehr als nur geographisch gemeinsamer Lebensraum mit einheitlichen politischen und verwaltungstechnischen Voraussetzungen steht ganz obenan im gemeinsamen ladinischen Zielkatalog.

Die vergessene Nation: Geschichte der Ladiner

Ladinien den Ladinern? Das ist eine Vision, die ihren Ursprung im vorigen Jahrhundert hat. Erste Impulse für ein nationales ladinisches Bewußtsein haben Theologen gesetzt. 1833 versuchte der Gadertaler Geistliche Micurá de Rü (Nikolaus Bacher) eine einheitliche dolomitenladinische Schriftsprache für alle Täler zu entwickeln – erster einer ganzen Reihe von Entwürfen, die alle bis zum heutigen Tag ohne konsensfähiges Resultat geblieben sind. 1864 hat Josef Anton Vian, Pfarrer von Sankt Ulrich/Urtijëi eine Grammatik des Grödner Ladinischen verfaßt, einige Jahre später haben sich die ladinischen Theologen im Priesterseminar von Brixen zum Verein »Naziun Ladina« zusammengeschlossen, um die Sprache, Kultur und das Heimatbewußtsein der »ladinischen Nation« zu pflegen. 1905 hat sich in Innsbruck der Ladinerverein »Uniun Ladina« konstituiert. Diese erste interladinische Organisation hat erstmals auch eine klare politische Position bezogen, sie forderte die »nationale Einigung sämtlicher in Tirol lebender Ladiner«.

Der Erste Weltkrieg hat dem Schulterschluß der ladinischen Dolomitentäler ein Ende gesetzt. In den Dolomiten, an der »Front in Fels und Eis« lieferten sich Italiener und Österreicher jahrelang einen blutigen Stellungskrieg, die Ladiner als wohl kleinste Gemeinschaft im Habsburger Vielvölkerstaat verteidigten zusammen mit den österreichischen Soldaten ihre Gipfel und Täler. Als 1918 abzusehen war, daß das südliche Tirol und mit ihm die ladinischen Gebiete Kriegsgewinn des Königreichs Italiens werden sollten, da traten die Fassaner und die Buchensteiner, die Gadertaler und die Grödner als »älteste bodenständige Bevölkerung Tirols« mit der unmißverständlichen Forderung nach dem Selbstbestimmungsrecht an die Öffentlichkeit.

Der Vertrag von Saint-Germain hat die Brennergrenze gezogen, die deutschen und ladinischen Tiroler zu italienischen Staatsbürgern gemacht. Der italienische Faschismus hat den Traum vom geeinten Ladinien erneut begraben. 1923 kamen Ampezzo und Buchenstein zu Belluno. Bei der Schaffung der Provinz Bozen 1927 beließen die Faschisten die Fassaladiner mit voller Absicht bei Trient. Ettore Tolomei, der Erfinder der italienischen Ortsnamen für Südtirol, hat die Ladiner kurzerhand zu Italienern erklärt. Dessenungeachtet bezeichneten die Faschisten sie als »Fremdstämmige«, als 1939 durch das Umsiedlungsabkommen zwischen Hitler und Mussolini deutsche und ladinische Südtiroler vor die Wahl gestellt wurden, als Italiener in der Heimat zu bleiben oder nach Hitler-Deutschland auszuwandern.

Bald nach dem Zweiten Weltkrieg haben alle Dolomitenladiner gemeinsam bei einer Großkundgebung auf dem Sellajoch gegen die von den Faschisten geschaffene Dreiteilung ihres Gebiets protestiert und die Wiedervereinigung von Fassa, Buchenstein und Ampezzo in der Provinz Bozen gefordert. Vergebens. Bis heute können sich Zusammengehörigkeitsgefühl und Gemeinsinn nur fernab der politischen Bühnen, im kulturellen oder im wirtschaftlichen Bereich entfalten.

Daß die Willkür von Kriegen und Despoten – auch Napoleon hat 1810 Ampezzo, Buchenstein und Fassa schon einmal Italien zugeschlagen – dieses ausgeprägte Bewußtsein der Zusammengehörigkeit nicht zerstören konnte, hat sicher zum Teil psychologische Gründe: Unterdrückung weckt Gegenwehr. Die ausschlaggebende Rolle aber spielt wohl die Tatsache, daß die Dolomitenladiner anderthalb Jahrtausende Übung in einer Art von Zusammenhalt haben, der nicht durch Nationalismen oder Verfolgungen bestimmt ist, sondern geprägt durch die eigenen Arbeits- und Lebensbedingungen als bäuerliche Gemeinschaft in einem äußerst kargen und schwierigen Gelände.

Besonders anschaulich machen dies die »viles« der Gadertaler Gemeinden Enneberg/Mareo, Sankt Martin in Thurn/San Martin de Tor oder Wengen/La Val. Auf den ersten Blick wirkt das malerische Schachtelwerk sonnengebeizter Holzhäuser und Scheunen in grünen Steilhängen romantisch wie im Bilderbuch. Tatsächlich sind diese Ensembles mit ihrer intakten uralten Architektur so etwas wie begehbare Geschichtsbücher. Sie zeigen, wie die Bergbauern überdauern konnten: Als Verbündete gegen eine rauhe, widerspenstige Natur, der eine Familie allein nicht Herr werden konnte, als autarke Gemeinschaft, die alles Lebensnotwendige selbst herstellte, sich in jeder Notlage zur Seite stand und sich gerecht nach selbstgesetzten Regeln die guten und die schlechten Felder teilte, die fetten und die mageren Almen, den Dorfbrunnen, Mühlen, Backöfen und »favàs«, die hohen Holzgerüste zum Trocknen der Bohnen.

Im frühen Mittelalter, etwa vom Jahr 1000 an, haben die Bischöfe von Brixen und die Grafen von Tirol die Geschicke der Bauern, Hirten und Handwerker Grödens und des Gadertals bestimmt. Der Name Tirol soll sich übrigens vom ladinischen Wort »teriòl« (Weg, Steig) ableiten. Im damaligen Feudalsystem waren die Ladiner wie alle anderen Südtiroler Bauern nicht freie Haus- und Grundbesitzer, sondern von geistlichen oder weltlichen Herren abhängig, die alle Besitzrechte besaßen. Es gab Leibeigene und Halbfreie, die Höfe wurden gegen hohe Abgaben befristet verliehen, die Erbleihe für die Söhne des Bauern kam erst später dazu.

In den Dolomitentälern haben ausschließlich ladinische Familien den intensiven Landausbau betrieben. Vermutlich schon zur Römerzeit hatten sie in den besten Lagen ihre »viles« gebaut. Im Mittelalter wandelten die ladinischen Bauern die Weiden auf den Sonnenhängen in mittlerer Höhenlage in Einzelhöfe um und bauten dort Getreide an. Danach erschlossen sie das karge Gelände darüber als Weideland für die »armentares«, die Schwaighöfe mit Rinderzucht, und die »fodares«, die Schwaighöfe mit Schafen. Bis zum Ende des 13. Jahrhunderts war das Siedlungswerk vollendet. Alle heutigen Weiler und fast alle Höfe, die in den Grundbüchern des 19. Jahrhunderts verzeichnet sind, werden bereits in den mittelalterlichen Abgabeverzeichnissen erwähnt.

1363 ist Tirol durch Vertrag an die Habsburger übergegangen, die ladinischen Dolomitentäler gehörten fortan bis 1919 zu deren Reich. Mit

Ausnahme von Ampezzo, das unterstand erst den Patriarchen von Aquileia, dann der Seerepublik Venedig, von 1511 an schließlich ebenfalls den Habsburgern. Im 14. und im 16. Jahrhundert bekamen die Bauern mehr Freiheiten und Rechte, Grund und Boden wurden aber erst im Lauf des 19. Jahrhunderts ihr Eigentum – gegen eine Abfindungszahlung, die viele mit hohen Schulden belastet hat.

Die Pest und andere Epidemien unter Menschen und Tieren, Hagel, Lawinen, Bergstürze, Überschwemmungen – fern von der großen weiten Welt mit ihren Aufständen und Kriegen waren es durch die Jahrhunderte meistens Naturkatastrophen, die das Dasein der Ladiner erschütterten. Das war karg genug. Die Ernten brachten im Durchschnitt kaum das Vier- oder Fünffache der Saat. Mißernten und Hungersnöte waren keine Seltenheit, mit Ausnahme von ein paar kleineren Bergwerken gab es keine wirtschaftliche Alternative zu Handwerk und Landwirtschaft.

Für die Außenwelt existierten die Ladiner nicht, die Obrigkeiten wendeten ihnen gegenüber ausschließlich ihre eigene Sprache an, also je nach Tal Deutsch oder die Mundarten des Trentino und Venetiens. In internationale Auseinandersetzungen ist die vergessene Nation erst während der Napoleonischen Kriege hineingeraten. Ladinische Truppen kämpften in der österreichischen Armee, zogen mit Andreas Hofer 1809 auch in die Tiroler Freiheitskämpfe. Die Ladinerin Catarina Lanz aus Sankt Vigil in Enneberg/Al Plan de Mareo gehört als »Mädchen von Spinges« zu den bekanntesten Heldengestalten jener Zeit. Bei der Schlacht von Spinges 1797 hat die Magd mit der Mistgabel durch ihre Unerschrockenheit wesentlich zum Sieg der Tiroler über die Franzosen beigetragen. Bei Kriegsende 1813 sind alle ladinischen Täler wieder zu Österreich gekommen und bis zum Ende des Ersten Weltkriegs Teil der Monarchie geblieben.

Vom Bauern- zum Ferienland: Ladinische Lebensgrundlagen

Keine ladinische Siedlung liegt unter 1000 Metern Höhe. Der höchstgelegene Hof von Gröden/Gherdëina ist Tublá oberhalb von Wolkenstein auf 1780 Metern, im Gadertal/Val Badia wirtschaftet der höchstgelegene Bauer in der Gemeinde Abtei/Badia auf dem 1705 Meter hoch gelegenen Hof Costalta. Heute gibt es im Gadertal/Val Badia allerdings nur mehr tausendzweihundert Bauern, von ihnen halten nur mehr fünfhundert Vieh. Der bäuerliche Anteil der Gadertaler Bevölkerung beträgt lediglich noch 20 Prozent der Erwerbstätigen. In Gröden/Gherdëina sind es mit dreihundert Bauern sogar nur mehr 15 Prozent.

Das Grödner Tal/Gherdëina hat sich vom 17. Jahrhundert an als Alternative zur Landwirtschaft einen bis heute florierenden Erwerbszweig geschaffen, die Holzschnitzerei. Im vorigen Jahrhundert hat sich das ganze Tal in eine große Werkstatt verwandelt, es gab kaum jemanden, der nicht auf irgendeine Art an diesem Handwerk verdiente als Schnitzer, Vergolder, Bemaler, Frächter, Händler oder Verleger. 1820 hatten die Grödner Niederlassungen in Italien, Österreich, Frankreich, Deutschland und Spanien, etwas später expandierten sie sogar nach Rußland, Ägypten und Amerika.

Ein Gegengewicht zur Massenproduktion hat erst die 1872 gegründete Kunstschule in Sankt Ulrich/Urtijëi schaffen können. In unserem Jahrhundert, das maschinelles Schnitzen möglich gemacht hat, ist darüber hinaus auch noch ein Gütesiegel für ausschließlich handgeschnitzte Engel und Madonnen, Heilige oder Krippenfiguren eingeführt worden. Heute arbeiten in Gröden/Gherdëina knapp tausend Personen in den verschiedensten Sparten des Gewerbes, als Kunstschnitzer und -maler, als Vergolder, Maschinen- oder Nachschnitzer.

Von hundert Grödnern üben fünfundsechzig einen Dienstleistungsberuf aus, von hundert Gadertalern fünfzig. Der Fremdenverkehr und die damit verbundenen Geschäftszweige und Berufe sind die wichtigste wirtschaftliche Lebensgrundlage beider Täler geworden. Begonnen hat diese Entwicklung um die Mitte des vorigen Jahrhunderts. Damals kamen die ersten Alpinisten aus England, Deutschland und Österreich, hungrig nach Abenteuern und Herausforderungen, nach spektakulären Bergsteigerpremieren auf bisher unbezwungenen Gipfeln. Um die Jahrhundertwende fanden sich auch die Pioniere des Skilaufs ein. Die Eisenbahn durch das Pustertal, die Schmalspurbahn ins Grödner Tal machten es schließlich möglich: Die aristokratischen und großbürgerlichen Reisenden aus Europa und Übersee reisten komfortabel im Salonwagen in die Sommer- oder Winterfrische.

Nach dem Zweiten Weltkrieg haben die Massen die Eliten verdrängt. Dies hat zu einem beispiellosen Bauboom geführt. Die drei Grödner Ortschaften Sankt Ulrich, Sankt Christina und Wolkenstein muten längst wie kleine Städte an. Auch die Hochabteitaler Dörfer haben mit ihren vielen Boutiquen, Hotels, Pensionen, Restaurants und Ferienhäusern ihren ländlichen Charakter verloren. Besonders intensiv haben die Einheimischen in Einrichtungen für den Wintersport investiert. Das Netz von Liften und Seilbahnen ist heute so dicht über Berge und Täler hinweg gewebt, daß man zumindest aus technischer und ökonomischer Sicht durchaus von einem vereinten Ladinien sprechen kann. Paradebeispiel dafür ist die Sella Ronda, ein etwas mehr als zwanzig Kilometer langer Skiparcours rund ums Sellamassiv. Dieses interladinische Skikarussell ist in den siebziger Jahren entstanden; es war die Basis für eine der weltweit leistungsstärksten Skipaßvereinigungen, den Dolomiti Superski. Dieser riesige Dachverband reicht mittlerweile weit über das reine Dolomitengebiet hinaus, es gehören ihm rund vierzig Orte mit fast 500 Anlagen und über tausend Pistenkilometern an.

Lange Jahre hat es so ausgesehen, als bekämen die Einheimischen die immer mächtigeren Urlauberströme nicht in den Griff. Euphorisiert von schnellen Gewinnen, wurde mancherorts plan- und rücksichtslos spekuliert, erschlossen und gebaut. Der rasante Wandel einer über Jahrhunderte hinweg bäuerlichen und handwerklichen Gemeinschaft zur hochspezialisierten touristischen Dienstleistungsgesellschaft konnte wohl nicht ohne Blessuren abgehen, ohne Umweltzerstörung oder Identitätsverluste. Andererseits hat der Fremdenverkehr als tragende Säule des Wirtschaftslebens die jahrhundertelange Abwanderung zum Stillstand gebracht.

Außerdem hat die Übererschließung in den Dolomiten ihre Schattenseiten bereits so kraß gezeigt, daß die Rückbesinnung auf natur- und menschenfreundliche Dimensionen nicht ausbleiben konnte. Die Grödner Bevölkerung zum Beispiel hat es mehrheitlich abgelehnt, in ihrem ohnehin überstrapazierten Tal ein zweites Mal die Skiweltmeisterschaften auszurichten. Der Skiverbund Dolomiti Superski hat sich selbst zur ökologischen Pflege des Pistengeländes verpflichtet. Mit den Naturparks Fanes-Sennes-Prags, Puez-Geisler und Seiser Alm wurden weite Teile der Dolomiten unter Schutz gestellt. Die Bauvorschriften sind strenger, die technische Erschließung neuer Gipfel ein Ding der Unmöglichkeit. Nicht zu vergessen schließlich: Der materielle Wohlstand, den die Ladiner sich heute erwerben können, ist unverzichtbare Voraussetzung dafür, daß sie ihre geistigen Werte, ihre Traditionen, ihre Sprache und ihre Kultur auch in Zukunft erhalten, pflegen und weiterentwickeln können.

ZWEITES KAPITEL

Blütenmeer im Felsenreich: Ladinische Landschaften

In seinem Schloß lebte einst einsam ein alter König. Die Blumen, Geranien an den Fenstern und Alpenrosen an den Felswänden, waren seine einzige Gesellschaft und Freude. Einmal schwebte in einer Lichtwolke die Königin eines fernen Landes zu ihm und bat für ihren sterbenskranken Sohn um ein Heilkraut aus seinem Reich. Weil aber beim Pflücken des Krauts alles Land des Königs verdorren sollte, schlug er die Bitte ab. Der Wind trug die Königin fort, erhob sich dann zu einem gewaltigen Sturm. Mit Getöse öffnete sich die Erde vor dem Königsschloß. Ein riesiger Felsturm wuchs empor. Entsetzt über die Verwüstung, stürzte sich der König in den Abgrund. Am nächsten Morgen wunderten sich die Hirten über den neuen Berg: »Wo kommt denn dieser lange Kofel her?« So hat der Langkofel seinen Namen bekommen.

Wir Nachfahren glauben nicht mehr an die wundersamen Schöpfungsmythen der Ahnen. Im Naturkundeunterricht lernen wir, daß der Langkofel/Saslonch, die Sellatürme, die Cirspitzen, der Kreuzkofel/Sas d'La Crusc und all die anderen mächtigen Riffe und Zacken der Dolomitenberge während der geologischen Zeitalter Perm, Trias und Jura bis herauf zur Kreide- und Tertiärzeit aus dem Meeresgrund erstanden sind. Wir wissen, daß die »bleichen Berge« ihre hellen Farben nicht den Mondlichtfäden des Zwergenvolks verdanken, sondern ganz realen Gesteinsarten wie Gips, Sandstein, Mergel und Riffkalk.

Rund zweihundert Millionen Jahre hat die Geburt des Gebirges gedauert. Ihre Basis ist der Grund des einstigen Mittelmeeres. Dort lagerten sich Schichten von Kalk, Ton, Gips, Mergel und verschiedene Sande ab. Korallen bauten Riffe und Atolle. Als sich vor rund siebzig Millionen Jahren der Südkontinent der Erde gegen die Nordkontinente schob, da wurde der Meeresboden zusammengepreßt und hoch über den Meeresspiegel gehoben. Dabei gab es gewaltige Verschiebungen, Verwerfungen, Faltungen und Vulkanausbrüche. Die meeresgeborenen Gipfel waren nun Wind, Wasser und den eiszeitlichen Gletschern ausgesetzt, die weitere Jahrmillionen an ihnen schliffen und zehrten. So sind Schluchten und Täler entstanden.

Die vielfältigen Gesteinsschichtungen mit ihren verschiedenen Farb- und Strukturnuancen machen den besonderen Reiz der Dolomiten aus. Eine ganz besondere Atmosphäre schafft auch die Tatsache, daß sich die Berge nicht zur Barriere einer langgezogenen Kette formieren, sondern Gruppenformationen bilden. Das Gadertal/Val Badia und das Cordevole-Tal teilen das Gebirge der Länge nach in die Östlichen und in die Westlichen Dolomiten. Sie unterscheiden sich voneinander, weil sich auf dem gemeinsamen Fundament aus Glimmerschiefer und Quarzphyllit unterschiedliche Gesteinsschichten auftürmen, der ungeschichtete Schlerndolomit dominiert in den Westlichen Dolomiten, der Hauptdolomit in den Östlichen Dolomiten.

Der Name »Dolomiten« ist übrigens ein Kunstprodukt. Er leitet sich ab aus dem Namen des französischen Naturforschers und Geologen Déodat Guy Silvain Tancrede Gratet de Dolomieu. Er entdeckte 1788 in Südtirol ein magnesiumhaltiges Kalkgestein. Der Chemiker Théodore de Saussure analysierte das neue Mineral und schlug dafür 1795 zu Ehren des Entdeckers den Namen »dolomite« vor, ein Begriff, der sich in ganz Europa bald fürs gesamte Gebirge eingebürgert hat.

Netzwerk zwischen Felsmassiven: Gröden und das Gadertal

Vom Sellamassiv führen das Grödner Tal/Gherdëina und der Grödner Bach/Derjon nach Westen bis zur Mündung bei Waidbruck im Eisacktal, das Gadertal/Val Badia und der Lauf der Gader/Gran Ega münden im Norden bei Sankt Lorenzen im Pustertal. Charakteristisch für beide Dolomitentäler sind die kilometerlangen wilden Felsschluchten an der Mündung. Ihre Unwegsamkeit hat die Ladiner bis weit ins 19. Jahrhundert hinein von der Außenwelt stark abgeschottet. Gröden hat als erstes ladinisches Tal 1856 eine Fahrstraße durch die Schlucht bekommen, der Engpaß am Ende des Gadertals wurde sogar erst 1892 für Fuhrwerke und Kutschen passierbar. Das Grödner Tal/Gherdëina weitet sich an der »Ladinischen Pforte« bei Pontives zum eigentlichen Talbecken und ist von dort bis zu seinem Ende in Wolkenstein/Sëlva nur etwa zehn Kilometer lang. Dementsprechend dicht ist die Besiedlung – zumal Gröden/Gherdëina keine bewohnbaren Nebentäler, sondern nur abgeschiedene kurze Hochgebirgs-Seitenarme hat, zum Beispiel das Annatal/Val d'Ana zur Seceda hin, das Jendertal/Val d'Iënder zur Seiser Alm, das Cislestal in Richtung Col Raiser oder das Hochtälchen von Dantercëpies hinauf zum Grödner Joch/Ju de Frara. Reich an Blumen, Quellen und Wasserfällen ist das Chedùltal zu Füßen der Cirgruppe, die einst ein großes Korallenriff war. Das Langental/Val ist ein trogförmiges Gletschertal, das die steilen roten Wände des Steviastocks, der Col dala Pieres und der Mont de Sëura begrenzen. Ein besonders markantes Naturdenkmal des Langentals/Val ist die Verwitterungsformation der Dolomitfelsbrücke am Steviamassiv.

Das Gadertal/Val Badia hat mehrere besiedelte Verästelungen. Die längste ist Enneberg/Mareo, ein Tal, das bei Zwischenwasser/Longega nach Osten biegt und sich hinter dem Hauptort Sankt Vigil/Al Plan als Rautal/Val dai Támersc bis nach Pederü am Rand der Berge von Senes und Fanes fortsetzt. Kürzere Seitenarme bilden das Tal von Wengen/La Val und das Kampiller Tal/Val da Lungiarü. Bei Stern/La Ila mündet das Kassiantal/Val de San Ciascian mit seinem gleichnamigen Bach, es führt ostwärts zum Falzaregopaß, dem Übergang nach Ampezzo. Das Gadertal/Val Badia selbst gabelt sich bei Corvara, ein Zweig führt von Corvara zum Campolongopaß/Ju de Ciaulunch, der zweite nach Kolfuschg/Calfosch und weiter zum Grödner Joch/Ju de Frara.

Im Herzen des Gebirges: Die Paßlandschaft rund um die Sella

Die Sella, ein gewaltiges Bollwerk aus Schlerndolomit, bildet mit ihren Wänden eine mächtige Barriere für das Gadertal/Val Badia und für das Grödner Tal/Gherdëina. Atemberaubende Schluchten, Risse, Hochtäler wie das Val de Mesdí und das Val Lastíes gliedern das fast viereckige Massiv. Seine senkrechten Türme und seine glatten Wände wirken wie eine uneinnehmbare, abweisende Felsenfestung. Hoch droben versteckt sind der Pisciadú-See und der Boé-See, schimmernde Augen in der Felswildnis.

Zu Füßen dieses ladinischen Kernmassivs liegen vier Dolomitenpässe, das Grödner Joch/Ju de Frara, das Sellajoch/Ju de Sela, das Pordoijoch/Ju de Pordú und der Campolongo/Ju de Ciaulunch. Sie verbinden die vier ladinischen Täler Gröden/Gherdëina, Fassa/Fascia, Buchenstein/Fodom und Gadertal/Val Badia. Das Grödner Joch/Ju de Frara ist seit alters die wichtigste Verbindung von Gröden/Gherdëina zum Gadertal/Val Badia. Das 2214 Meter hoch gelegene Sellajoch/Ju de Sela mit seinen einsamen Matten zwischen den drei Sellatürmen und der Langkofelgruppe ist der unberührteste und schönste Übergang. Hier konnten außer dem bereits 1903 errichteten Sella-Joch-Haus keine weiteren Schutzhütten oder Appartements gebaut werden. Denn der Alpenverein Bozen hat in weiser Voraussicht schon damals das ganze Gelände zwischen den Massiven bis zur Waldgrenze hinunter gekauft. Der niedrigste der vier Dolomitenpässe ist der Campolongo/Ju de Ciaulunch (1875 Meter), der Übergang von Belluno nach Südtirol. Ein Paß ist dieser sanfte Sattel mit seinen Almen und Baumgrüppchen erst seit dem Jahr 1901. Damals ist die Fahrstraße zwischen Corvara und Buchenstein entstanden, zuvor gab es nur einen Karrenweg. Das Pordoijoch/Ju de Pordú als Verbindung zwischen dem Fassatal und Buchenstein ist mit 2239 Metern der höchste Dolomitenpaß. Er markiert die Grenze zwischen den Provinzen Trient und Belluno, ist aber als Paß erst bedeutsam geworden, als 1909 die Große Dolomitenstraße fertiggestellt war.

Sieht man heute das schmale schwarze Straßenband, dann kann man sich kaum mehr vorstellen, was für einen Aufwand der Bau dieser Dolomitenquerung von Bozen nach Cortina einmal bedeutet hat. Es war eine Idee des Alpenvereins, dem Kaiser Franz Joseph II. zu seinem 50jährigen Regierungsjubiläum im Jahr 1898 die »bleichen Berge« buchstäblich zu Füßen zu legen mit einer Straße durch die berühmte Gebirgsgruppe. Fertiggestellt wurde das Präsent für den Monarchen allerdings erst zum sechzigsten Jubeljahr. »Kaiserstraße« sollte die Panoramaroute heißen, aber alle nannten sie nur »Dolomitenstraße«.

Bollwerke der Natur: Die Massive im Grödner und Gadertal

Auf der Grödner Seite ist die Langkofelgruppe das imposanteste Visavis der Sella, eine hufeisenförmige Felsformation, die sich zur Seiser Alm hin öffnet. Sie hat bereits die allerersten Alpinisten magisch angezogen. 1869 nahm sich der Dolomitenpionier Paul Grohmann zusammen mit den Bergführern Franz Innerkofler und Peter Salcher erfolgreich den Hauptgipfel Langkofel/Saslonch (3181 Meter) vor. Grohmann zu Ehren hat der Bergführer Michael Innerkofler aus Sexten 1880 die von ihm im Alleingang bezwungene Grohmannspitze (3126) Meter getauft. Der Name der berühmten Sextner Bergführerfamilie wiederum ist durch den Innerkoflerturm (3081 Meter) verewigt. Kletterer können das Massiv heute auf ungezählten Routen besteigen oder durchqueren; eine Gondelbahn führt auf die Langkofelscharte (2681 Meter). Rund um den Sockel der Gruppe führt der König-Friedrich-August-Weg. Auf diesem Parcours erreicht man auch die »Steinerne Stadt« in der Nähe des Sellajochs/Ju de Sela. Das ist ein riesiger Felssturz voller Spalten und Gräben, Mulden und Löcher, voller manns- bis haushoher Gesteinsblöcke mit einer einzigartigen hochalpinen Vegetation.

Der Langkofel/Saslonch mit seinem Nachbarn, dem Plattkofel/Sasplat, sind die beherrschenden Massive an der südlichen Flanke des Grödner Tals. Dem Felsgelände vorgelagert, reihen sich zwischen Wolkenstein/Sëlva und Sankt Ulrich/Urtijëi rund 2000 Meter hohe Wald- und Grasberge aneinander, von denen viele mit Bahnen und Liften als Skigebiete erschlossen sind: Piz Sela und Ćiampinei, Mont de Seura und Mont de Pana, Piz Ćiaulonch und Piz Seteur, Col dl Mesdí und Mont Piz. Die nördliche Seite des Grödner Tals schirmen – von West nach Ost – zunächst die ebenfalls um 2000 Meter hohen Erhebungen von Außerraschötz/Resciesa dedora und Innerraschötz/Resciesa dedite ab, auf sie folgen als Felsformationen die Seceda (2518 Meter) und die Gipfel der Geislergruppe, die Kleine und und die Große Fermeda (2640 und 2873 Meter), die Gran Odla (2832 Meter), der Sas Rigais (3025 Meter), der Sas dla Porta (2967) und die Forchëta (3030 Meter). Zum Grödner Joch hin zeichnen Cir- und Rotspitzen einen Zackenhorizont.

Die Puezgruppe ist von Gröden aus durch das Langental/Val zu erreichen. Dieses Massiv mit seiner ausgedehnten wüstenähnlichen Hochfläche Gherdenacia flankiert die westliche Seite des Gadertals gemeinsam mit der Peitlerkofelgruppe. Geisler- und Puezgruppe bilden gemeinsam den Naturpark Puez-Geisler/Pöz Odles, ein 9400 Hektar großes geschütztes Gelände auf einer durchschnittlichen Höhenlage von 2500 Metern. Geologisch Interessierte können hier die vielfältigen Gesteinsschichtungen und -strukturen der Dolomiten besonders genau erkunden. Das Gebiet ist an sich wasserarm, überrascht aber mit den Wasserfällen im Hintergrund des Langentals/Val, mit der quellenreichen Innercisles-Alm und mit einigen kleinen Hochgebirgsseen wie dem Lech da Iman unterhalb der Geislergruppe, dem Lech de Crespëina und dem Lech de Ćiampac am Rand der Gherdenacia.

An der östlichen Seite des Gadertals bildet die Kreuzkofelgruppe eine imposante Barriere. Das Tal von Enneberg/Mareo und seine Fortsetzung, das Rautal/Val dai Tamersc, zweigen als östlicher Seitenarm des Gadertals in die Pragser Dolomiten ab. Ebenfalls nach Osten führt das Tal von Sankt Kassian/Val de San Ćiascian, sein Felsspalier bilden die Gipfel La Varela und die Conturines-Spitzen.

Grüne Inseln im Kalk: Die Almen der ladinischen Täler

Abgeschottet von den Wandformationen des Kreuzkofels/Sas d'La Crusc und der Conturines, dehnen sich zwischen Enneberg/Mareo und dem Kassiantal/Val de San Ciascian auf mehr als 2000 Metern Höhe die Almen von Senes, Fosses und Fanes und die kleine Alm Fodara Vedla mit ihrem malerischen Almdorf aus. Sie gehören zum Naturpark Fanes-Sennes-Prags, der mit 25.000 Hektar Fläche der zweitgrößte Südtiroler Naturpark ist. Charakteristisch für diese Landschaft sind die vielfältigen Formen von Verkarstung. Spalten und Schächte, Karren und Dolinen lassen sich hier beobachten. Trotz der Wasserarmut gibt es auffallend viele Wasserfälle und kleine Gebirgsseen. Von Sankt Vigil/Al Plan aus kann man durch das

Val de Fojedöra zum Hochalpensee in den Pragser Dolomiten aufsteigen. Im Rautal blinkt der Kreidesee/Lech dla Creda. Die Fosses-Alpe besitzt drei Seen zu Füßen des Roten Turms, auf Fanes leuchten der Lech Piciodel, der Grünsee/Lech Vërt, der Limosee/Lech de Limo und der Fanessee/Lech de Fanes. Zu den Naturdenkmälern auf der Alpe Fanes gehört auch das »Parlament der Murmeltiere«, ein natürliches Amphitheater aus steinernen Stufen und Treppen im Wiesengrün.

So spektakulär und bizarr diese Almlandschaft auch anmuten mag: Berühmter – freilich auch überlaufener und weniger ursprünglich – ist die Seiser Alm. Zwar gehört den Grödnern selbst nur ein schwaches Drittel der größten Hochweide der Alpen, die auf Höhen zwischen 1800 und 2000 Metern eine Fläche von 56 Quadratkilometern bedeckt. Aber mit der Bergbahn von Sankt Ulrich/Urtijëi besitzen sie die Direttissima ins Almenreich. Und hüten außerdem noch im Grödner Heimatmuseum eine Sammlung, die alle Mineralien aus dem Gebiet der Seiser Alm dokumentiert.

Die legendäre Blütenpracht auf den Wiesen ist längst nicht mehr flächendeckend wie noch vor ein paar Jahrzehnten. Straßen und Zufahrten, Liftanlagen, eine exzessive Düngung einerseits oder andererseits eine Vernachlässigung der Almpflege durch die Landwirte haben der einzigartigen Flora arg zugesetzt. Im wahrsten Sinn des Wortes an den Rand gedrängt, überlebt ihr ganzer Reichtum nur mehr in der Nähe der Massive von Schlern und Langkofel/Saslonch. Anemonen, Fettkraut, Krokus, Soldanellen und Roter Steinbrech leuchten dort als erste Boten des Frühlings, danach sind die Wiesen übersät mit Enzian, Primeln, Steinröschen, Hungerblümchen und Läusekräutern. Auffälligste Sommerpflanzen sind die dichten Eisenhutstauden an kleinen Wasserläufen und in der Nähe von Viehlägern.

Wild, Wald und Wiesen: Flora und Fauna der Dolomitentäler

Im gesamten Dolomitengebiet ist die Artenvielfalt der Pflanzen außergewöhnlich – ganz im Gegensatz zur Tierwelt, die sich am Boden mit Hirsch, Gemse und Murmeltier, mit Rotfuchs, Marder, Dachs und Wiesel und in den Lüften mit Steinadler, Habicht, Sperber, Falken, Auer- und Birkhähnen, verschiedenen Eulenarten und mit Bergdohlen, Raben und Krähen nicht wesentlich von der übrigen alpinen Fauna unterscheidet. Für die Fülle an Formen und Farben, mit denen die Flora ihre Blüten treibt, gibt es im wesentlichen drei Gründe. Der eine ist das Klima: Es ist in den Dolomiten milder als in den übrigen Alpen, weil deren Hauptkamm die kalten Winde aus dem Norden und Osten Europas abfängt und weil außerdem von Süden her warme Luftmassen aus dem Mittelmeer einströmen. Der zweite Grund ist die Mannigfaltigkeit der Dolomitgesteine, der dritte die ungewöhnliche Ballung von Vegetationsstufen auf kleinstem Raum. Aus Tallagen von 500 bis 1000 Metern steigt das Gelände häufig abrupt bis auf über 3000 Meter an. Das bedeutet: Auf Höhenlagen von 500 bis 2300 Metern sind immerhin fünf verschiedene Arten von Wäldern anzutreffen. Der alpine Vegetationsgürtel darüber ist dreifach strukturiert durch den unterschiedlichen Bewuchs von Grasmatten, Geschröfe und nacktem Fels.

Die Großköpfige Teufelskralle gilt als Königin im Felsenreich, ihren farbenprächtigen Hofstaat bilden Himmelsherold und Silberwurz, Fingerkraut und Herzblättrige Kugelblume. Ein Stockwerk tiefer gibt das Geschröfe unmittelbar vor den Felswänden einen kargen Boden aus Grasnarben, Sand, Erde und Felsrippen ab für Raritäten wie Hausmanns Mannsschild, Felsenaurikel, Tiroler Schlüsselblume und Goldprimel. Auf Geröll- und Schutthalden gedeihen Alpenleinkraut, Gemskresse, Einseles

Akelei oder der Weiße und der Gelbe Alpenmohn. Frauenschuh und Feuerlilie, Türkenbund und Teufelskralle, Orchideen und dreißig verschiedene Arten von Glockenblumen bringt das hochalpine Gelände hervor, dazu Heilpflanzen wie den Punktierten Enzian, aus dessen bis zu sechs Kilogramm schweren Wurzeln ein Destillat gegen Magenkrankheiten gewonnen wird.

Besonders auffällige Waldformationen der Dolomiten sind auf Höhen zwischen 900 und 1600 Metern die lichten Lärchenwiesen, beispielsweise die Armentara-Wiesen in Wengen/La Val oder die Lärchwiesen von Armentarola. Das Grödner Tal/Gherdëina charakterisieren große zusammenhängende Zirbelkieferbestände in Lagen zwischen 1000 und 2300 Metern. Die Besonderheit, daß in der »Steinernen Stadt« am Sellajoch mächtige Zirbelkiefern mit ihrem Wurzelwerk auf einzelnen Felsbrocken wachsen, ist auf das eigenwillige Verhalten der Tannenhäher zurückzuführen, die in Tirol »Zirbngratschen« heißen. Sie knacken ihr Futter, die Zirbensamen, mit Vorliebe auf Felsblöcken und Baumstrünken.

Die Phänomene und Wunder der Natur in der Dolomitenlandschaft sind vielgestaltig und groß. Seit Dolomieu haben sie Generationen von Forschern zu ergründen und zu beschreiben versucht. Heute füllt die Literatur über dieses Gebirge Bibliotheken. Bei ausgedehnter Lektüre fällt bald ein ziemlich harter Kontrast ins Auge. Liest man nämlich naturwissenschaftliche Fachbücher oder Landschaftsführer, dann fühlt man sich in eine paradiesisch intakte Oase versetzt. Konzentriert man sich hingegen auf die Prospekte oder Broschüren der ladinischen Orte in Südtirol, dann kann man leicht den Eindruck gewinnen, die bleichen Berge seien statt mit Mondlicht rundum mit Kabeln, Seilen und Drähten eingesponnen, mit Haken, Masten und Gondeln gespickt und also ein einziges riesengroßes Sportgerät.

Beide Eindrücke sind trügerisch. Obwohl die Dolomiten beispielsweise mit mehr als tausend Kilometer Alpinskipisten das größte Wintersportrevier im gesamten Alpenbogen sind, macht der Anteil des Pistengeländes nur 0,6 Prozent des gesamten Territoriums aus. Von diesen Abfahrtsstrecken wiederum werden über 45 Prozent als Almen und etwa 35 Prozent als Heuwiesen kultiviert. Andererseits ist das Felsen- und Wiesenreich keineswegs so märchenhaft menschenleer und unberührt wie manche es sich vielleicht erträumen – Jahr für Jahr stellen sich allein in den ladinischen Tälern Südtirols mehr als eine Million Besucher ein. Die Einrichtung der Südtiroler Naturparks, von denen gleich drei die Dolomitenlandschaft schützen, erweist sich mehr und mehr als ein brauchbarer Kompromiß. In diesen Reservaten ist die Natur weitgehend vor Raubbau und weiterer Erschließung geschützt, für Menschen aber doch nicht ganz tabuisiert. Traditionelle land- und forstwirtschaftliche Aktivitäten, aber auch Wandern und Bergsteigen bleiben erlaubt. Angeleitet von einem strengen Verhaltenskodex, begleitet von fachkundigen Führern aus dem Gebiet, aufgeklärt durch Broschüren, Schautafeln oder Informationszentren, können die Besucher, die meist mehr unwissend als wirklich rücksichtslos gegenüber der Natur und selbst ein Teil von ihr sind, zu einem möglichst schonenden und behutsamen Umgang mit der immer noch berückend schönen Berg-, Pflanzen- und Tierwelt der Dolomiten herangeführt werden.

Formationen der Dolomiten: Gesteinsschichten am Seekofel in den Pragser Dolomiten und Abdruck eines Ammoniten

Die massiert auftretenden
bauchigen Muschelschalen der
Megalodonten

Das Grödner Joch mit der Sella, im Hintergrund der Langkofel

Die Sella bei Sonnenuntergang und der Valparola-Paß mit Blick zur Marmolata

Die »Steinerne Stadt« am Sockel des Langkofels

Die Sellatürme und das Felsgelände am Großen Cir mit Blick auf die Sella

Der Langkofel
im letzten Abendlicht

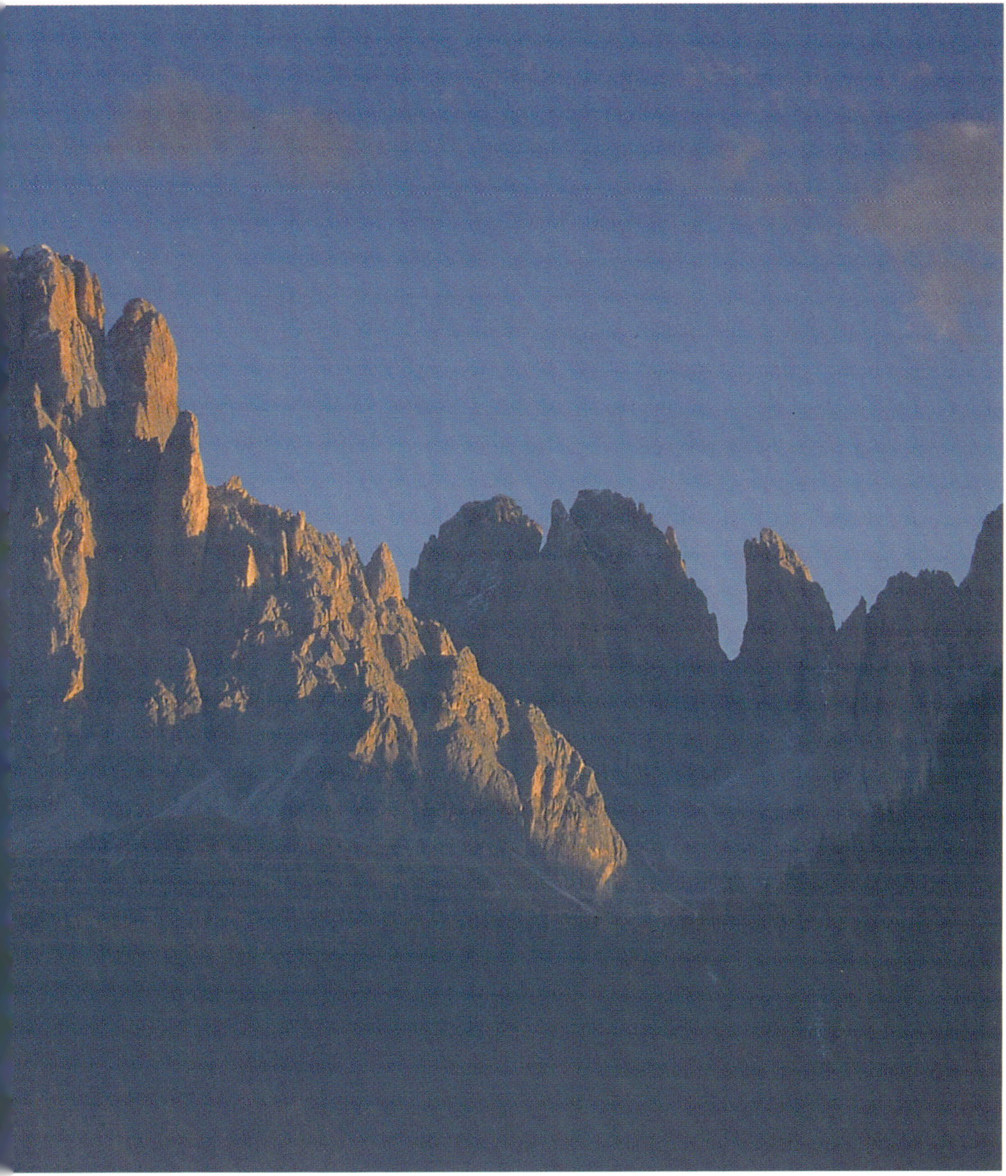

Das Chedùltal mit den Cirspitzen und ein Kissen des Dolomiten-Fingerkrauts

Die »Enrosadüra«,
das Abendrot am Ciastel de Chedùl

Trollblumenmeer auf der
Seiser Alm gegen Schlern
und die Kelche des
Breitblättrigen Enzians

Blick von der Seiser Alm
zu Lang- und Plattkofel und
ein Zwergstrauch von
Steinröschen

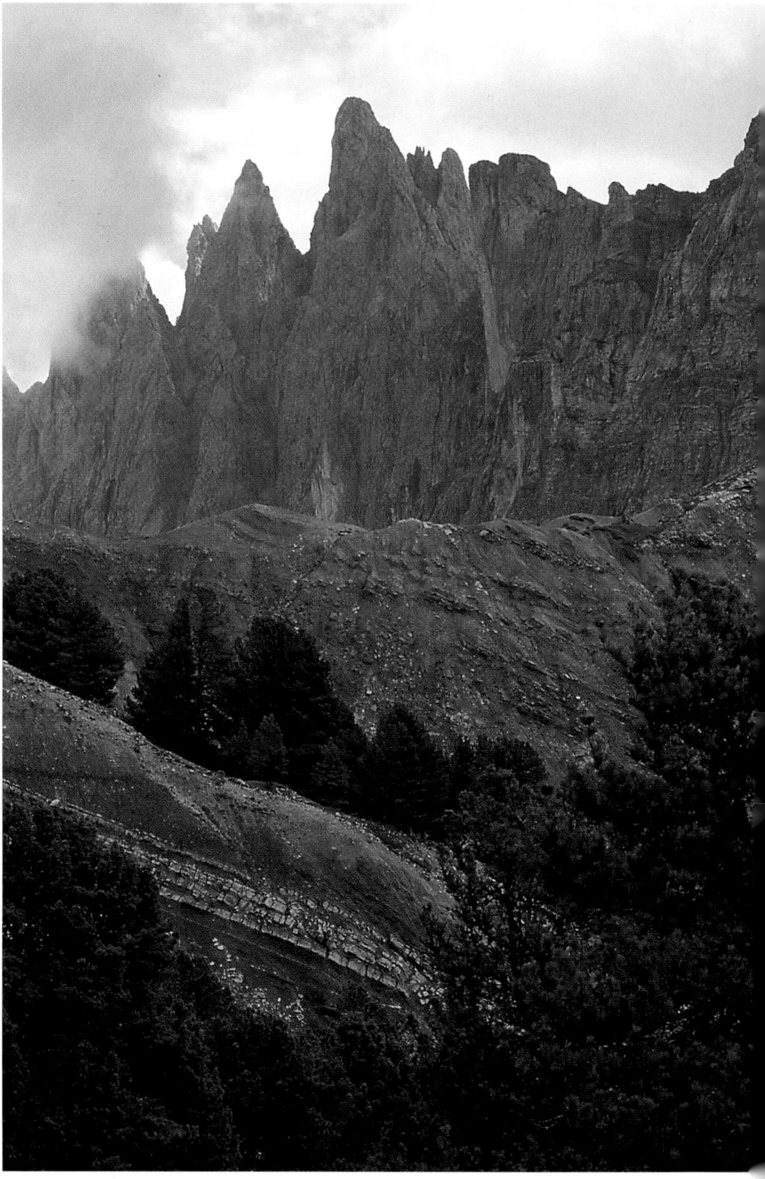

Die auffälligen Farbbänder im Gestein der Seceda und die zart gefiederten Blüten des Gelben Alpenmohns

Der Col de Puez und
ein Büschel von Steinnelken

Die Hochfläche der Gherdenacia
mit dem Col dles Soneles vor dem
Gletscherfeld der Marmolata

Die mächtigen
Felssporne der
Peitlerkofelgruppe

Die Alm Antersasc
im Kampiller Tal

Der Neunerkofel
in der Kreuzkofelgruppe
und Gemsen im Felsterrain

Der Piz dles Conturines
und die Herbstfärbung
der Alpenbeerentraube

Die Fanesalm vor dem Piz Parom
und dem Piz Lavarela

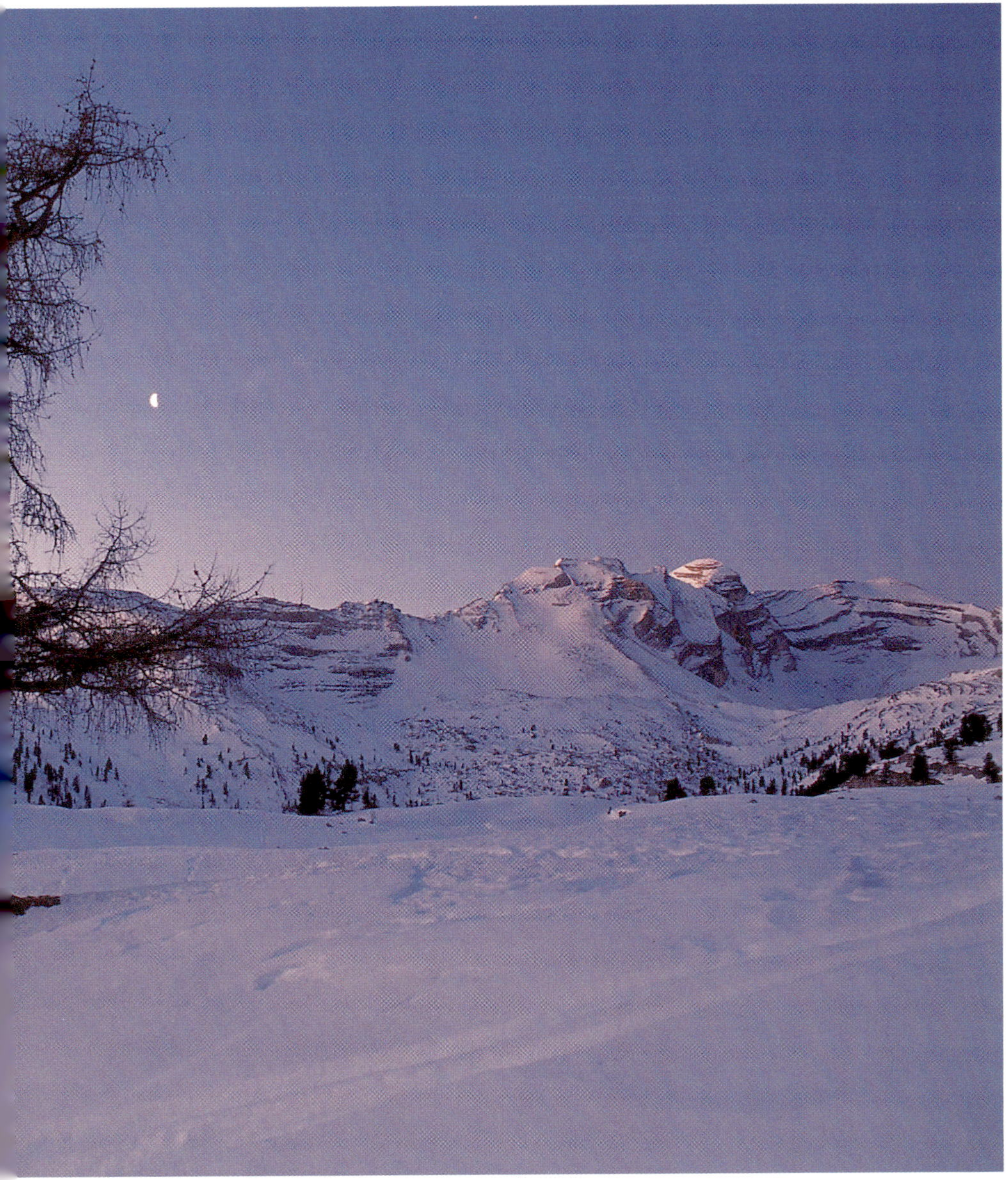

Der Grünsee mit dem
»Parlament der Murmeltiere«
auf der Fanesalm und ein
Murmeltier vor seinem Bau

Eine uralte
Zirbelkiefer

Die Armentara-Wiesen in voller Blüte

Edelweiß-Blütensterne
auf der Sennesalm zu Füßen des
Seekofels und das Knabenkraut,
ein alpines Orchideengewächs

Die Alpe Fosses mit dem gleichnamigen See, Blick auf die Ampezzaner Dolomiten

Geschützte Fauna und Flora: Junge Steinböcke und die Glockenköpfchen der Soldanellen

Der Frauenschuh, eine der seltensten Orchideenarten, und ein Strauch der weit verbreiteten Bewimperten Alpenrose

Die Schopfige Teufelskralle, als Eiszeitrelikt eine Rarität, und das häufiger anzutreffende Alpen-Sonnenröschen

Die Frühlingsblüte auf
den Matten der Fanesalm

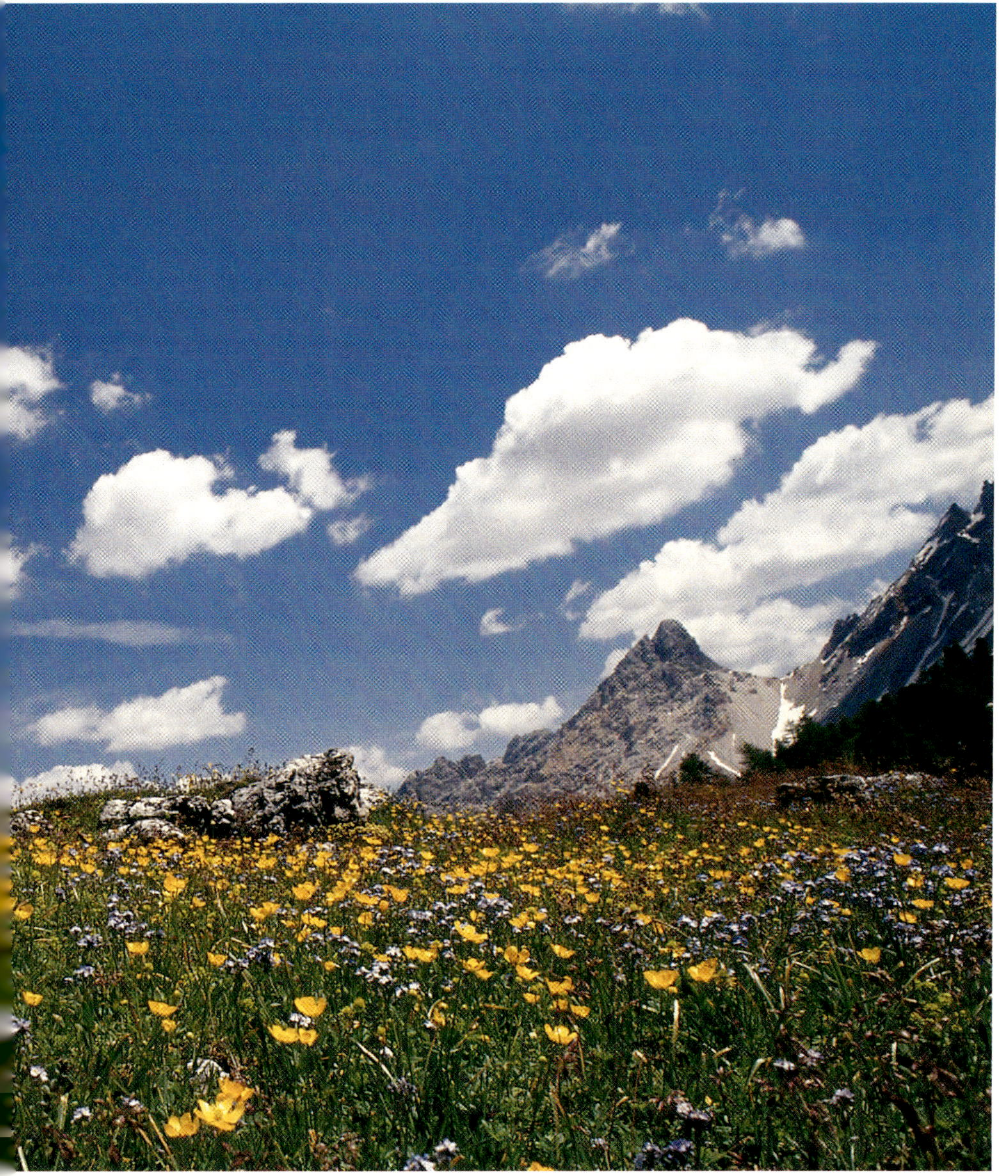

DRITTES KAPITEL

Zwei Täler, acht Gemeinden: Ladinische Lebensräume

*M*ächtig und berühmt war einst das Reich der Fanes. Viele Generationen lang hatte die Königsfamilie ein Bündnis mit den Murmeltieren. Die Königstochter Lujanta lebte in Gestalt eines solchen Tieres bei den Verbündeten im Berg. Ihre Zwillingsschwester Dolasilla zog in silberner Rüstung und mit nie fehlenden Pfeilen viele Male für ihren Vater in den Krieg. Sie galt als unbesiegbar. Doch als sie, angetrieben vom habgierigen König, ohne ihren Beschützer und Bräutigam Ey-de-Net in eine Schlacht zog, fiel sie – getötet von dreizehn ihrer eigenen Pfeile, die sie den »Salvans«, den »Wilden Leuten«, geschenkt hatte. Die wenigen überlebenden Fanes brachten sich im unterirdischen Reich der Murmeltiere in Sicherheit.

Alle hundert Jahre kommt die alte Königin aus dem Berg und fährt in einem Boot über den Pragser Wildsee. Sie horcht in die Nacht und hofft, den Klang der silbernen Trompeten zu hören. Das ist das Zeichen für die Wiederkehr des Fanesreichs.

✳

Die ältesten Spuren menschlichen Lebens in der Wildnis der steinernen Kolosse sind geschätzte neuntausend Jahre alt. Doch die nomadisierenden Jäger der Mittleren Steinzeit und lange nach ihnen noch die Hirten der Bronzezeit (1700 bis 850 v. Chr.) sind vermutlich immer nur für kurze Zeit in die Dolomiten gekommen. Die ersten Anzeichen für Ackerbau und damit auch ständige Niederlassungen datieren die Historiker auf die Zeit zwischen etwa 850 v. Chr. bis zur Ankunft der Römer 15 v. Chr. Die »viles« gelten als älteste Siedlungsform, und es ist davon auszugehen, daß die frühen Dolomitenbewohner das karge Gelände von Anfang an als Gemeinschaftsbesitz bearbeiteten. Nachbarschaften und Talgemeinschaften waren vermutlich die ersten Organisationsformen der Siedler. An rituellen Plätzen versammelten sie sich zweimal im Jahr, um einen Vorsteher zu wählen, um Gericht zu halten, Streitfragen zu klären oder Besitzregelungen zu treffen.

Möglicherweise bereits zur Zeit Karls des Großen sind die ersten ladinischen Pfarren entstanden. Enneberg ist mit Sicherheit eine der ältesten, ihre Gründung wird vor dem Jahr 1000 angesetzt. Als nach Karl dem Großen die Könige den Bischöfen immer mehr Land überließen, sind aus den alten Nachbarschaften neue Pfarren entstanden. Diese wiederum wurden vom frühen Mittelalter an verschiedenen Gerichten zugeteilt, wo ein Richter als Bevollmächtigter der weltlichen oder geistlichen Herren zweimal im Jahr Gericht hielt. Bis 1800 waren die ladinischen Siedlungen den vier Gerichten Kastelruth, Wolkenstein, Enneberg und Thurn unterstellt.

Erst im Lauf des vorigen Jahrhunderts ist die alte, durch Kirche und Richter ausgeübte Ordnung aufgebrochen. Dorfgemeinschaften und Gemeinden mit eigenen Verwaltungseinrichtungen und -strukturen wie wir sie heute kennen, verdanken ihre Entstehung einer Reihe von Reformen, die mit Kaiserin Maria Theresia und Kaiser Joseph II. begonnen haben, von den Bayern und Franzosen massiv erweitert wurden und schließlich bis zum Ende der Habsburgermonarchie endgültig etabliert worden sind. Wie vielen anderen bäuerlichen Gesellschaften, ist es damals auch der ladinischen Bevölkerung sehr schwer gefallen, den Sprung von der Bevormundung durch ein absolutistisches System zu Freiheit und Selbstverwaltung zu vollziehen – zumal es auch kaum ausreichend geschulte Kräfte für die neuen Ämter und Funktionen der Gemeinden gab. So hat beispielsweise die erste Schule in den ladinischen Tälern erst 1789 in Sankt Ulrich/Urtijëi ihre Tore geöffnet.

Heute gibt es acht ladinische Gemeinden in Südtirol, drei in Gröden/Gherdëina, fünf im Gadertal/Val Badia, wo aus Gründen einer rationellen Verwaltung jeweils mehrere kleinere Dörfer zu einer Gemeinde zusammengeschlossen sind. Die Einteilung in zwölf Pfarreien ist davon aber unberührt geblieben. Eine Besonderheit sind die drei Dörfchen Runggaditsch/Runcadic, Pufels/Bula und Überwasser/Sureghes südlich des Grödner Bachs. Obwohl die Mehrheit der rund neunhundert Einwohner ladinisch ist, gehören die Siedlungen zur Gemeinde Kastelruth. Bei einer Volksabstimmung 1973 haben sie die Angliederung an die Gemeinde Sankt Ulrich/Urtijëi mehrheitlich abgelehnt.

Schnitzwerkstätten und Sportarenen: Die Orte im Grödner Tal

Sankt Ulrich/Urtijëi im äußeren Bereich des Tals ist mit rund 4300 Einwohnern Grödens größte Gemeinde und mit seiner Infrastruktur auch Mittelpunkt des wirtschaftlichen, sozialen und kulturellen Geschehens im Tal: Markt seit 1903, kirchliches Dekanat für alle Talgemeinden, Schulzentrum mit Südtirols einziger Kunstoberschule, Sitz der meisten Schnitzwerkstätten und holzverarbeitenden Betriebe. Im Ort herrscht eine fast städtische Atmosphäre. Im Zentrum reiht sich Geschäft an Geschäft. Unübersehbar dominieren Herrgötter und Heilige, Krippen- oder Spielzeugfiguren die Auslagen. Kitsch oder Kunst? Der von der Überfülle irritierte Betrachter kann sich zur Geschmacksbildung im Kongreßhaus in der Dauerausstellung des Grödner Kunsthandwerks einen guten Überblick über das gesamte Spektrum der einheimischen Werkstätten verschaffen. Bis in die siebziger Jahre unseres Jahrhunderts ist Sankt Ulrich/Urtijëi auch Grödens führender Ferienort gewesen, hat beispielsweise 1935 die erste Seilbahn des Tals zur Seiser Alm gebaut. Jetzt rangiert es in der Urlauberstatistik auf Platz zwei hinter Wolkenstein/Sëlva. Die Grödner Schmalspurbahn, im Ersten Weltkrieg von russischen Kriegsgefangenen gebaut, hat nach Kriegsende den Zustrom von Touristen erleichtert, ist seit der

Stillegung 1960 nur mehr ein nostalgisches Relikt. Die ehemalige Bahntrasse ist zur Promenade umfunktioniert worden, die alte Dampflok ein museales Schaustück auf dem Col de Brida.

Sankt Ulrichs Nachbardorf Sankt Christina/San Crestina (1629 Einwohner) ist Grödens kleinste Gemeinde. Mit seinen vielen Bergbahnen ist es ein wichtiges Verbindungsscharnier im Grödner Skikarussell. Auch dieses Dorf hat sich in den vergangenen Jahrzehnten dem Geschäft mit den Urlaubern verschrieben. Allerdings sind hier nicht ganz so viele Hotels und Ferienhäuser entstanden, der dörfliche Charakter ist noch einigermaßen erhalten.

Der ehemalige Gerichtssitz Wolkenstein/Sëlva (2400 Einwohner) ist heute das zweitgrößte Grödner Dorf und mit all seinen Hotelkolonien, Liften und Bahnen die Metropole des Wintersports. Sportlich ist das Image des Orts schon lange, nicht erst seit der Alpinski-Weltmeisterschaft, die das Tal 1970 ausgerichtet hat. Von hier aus sind die Pioniere des Alpinismus zu ihren Erstbesteigungen aufgebrochen. An alle, die in den Felsen ihr Leben gelassen haben, erinnert die Bergopfer-Gedächtniskapelle im Wolkensteiner Pfarrfriedhof.

Die Abenteuer, die Herausforderungen, die Mutproben und Dramen, aber auch all die heiteren Kuriositäten der Frühzeit des Bergsteigens hat keiner so anschaulich gemacht wie der gebürtige Sankt Ulricher Luis Trenker. Der gelernte Architekt hat zwischen 1929 und 1940 als Schauspieler, Regisseur und Drehbuchautor mit einer Reihe von Leinwandmelodramen wie »Berge in Flammen«, »Der verlorene Sohn«, »Der Berg ruft« oder »Der Feuerteufel« den Grundstein gelegt für den modernen Mythos der »bleichen Berge«. Nach dem Zweiten Weltkrieg hat Trenker in Fernseh- und Rundfunksendungen, in Büchern und Vorträgen als mitreißender Erzähler seine Ideale von Berg- und Heimatliebe verkündet. Gröden und der Langkofel sind ihm die im wahrsten Sinn des Wortes unerschütterlichen Symbole dafür gewesen – selbst dann noch, als der Augenschein alle Fiktionen einer heilen Welt längst Lügen strafte.

Zentren des Vergnügens, Horte der Einsamkeit: Die Orte im Gadertal

Jenseits des Grödner Jochs ist Kolfuschg/Calfosch das erste Gadertaler Dorf. Viele Jahrhunderte lang unterstand dieses Bergdörfchen dem Gericht Wolkenstein/Sëlva. Heute bildet es zusammen mit dem Verwaltungssitz Corvara und der Siedlung Pescosta die Gemeinde Ladinia (1255 Einwohner). Noch zu Beginn unseres Jahrhunderts sind Kolfuschg/Calfosch und Corvara nicht mehr als eine Ansammlung von Bergbauernhöfen gewesen. Daß die Dörfer zu Füßen von Sella und Sassongher zu den bekanntesten Winter- und Sommerferienorten Europas zählen, verdanken sie dem Unternehmungsgeist von Franz Kostner (1877–1968). Der Bauernsohn, Bergführer und Hotelier hat nach dem Ersten Weltkrieg als Ersatz für die unbequemen Pferdekutschen einen Autotransportdienst von Bruneck ins Gadertal eingerichtet. 1930 baute er den ersten Lift Italiens, eine Art Schlittenaufzug auf den Col Alt. Er gründete 1934 die erste Skischule im Tal. Am Aufbau des weitläufigen Skikarussells zwischen dem Grödner Joch/Ju de Frara und dem Campolongo/Ju de Ćiaulunch, an der Entwicklung des Skirundparcours »Sella Ronda« und an der Gründung des Dachverbandes »Dolomiti Superski« waren Kostners Nachfahren maßgeblich beteiligt.

Eine ähnliche, wenn auch nicht ganz so rasante Entwicklung zu modernen Urlauberzentren haben die in der Nachbargemeinde Abtei/Badia (2783 Einwohner) zusammengeschlossenen Dörfer Stern/La Ila, Sankt

Kassian/San Ćiascian, Pedratsches/Pedraces und Sankt Leonhard/San Linert erlebt. Stern/La Ila ist durch seine jährlichen Skiweltcup-Rennen am Hausberg Piz La Ila in der internationalen Wintersportszene bekannt. In Sankt Kassian/San Ćiascian kann man sich im Pic Museo Ladin eine Fossiliensammlung und Skelettreste des Höhlenbären Ursus spelaeus aus den Conturinesbergen ansehen. Die auffälligen »Kassianer Schichten« des Dolomitgesteins lassen sich in der freien Natur am besten auf den Wiesen von Stuores beobachten. Landschaftlich sehr schön liegen die Wiesen von Armentarola, der letzten winzigen Siedlung des Kassiantals vor den Paßübergängen zur Provinz Belluno. Sitz der Gemeinde Abtei/Badia ist Pedratsches/Pedraces im Gadertal, ebenfalls ein touristisches Zentrum mit vielen Hotels. Etwas weniger vom sommerlichen Trubel berührt ist gegenüber das Dorf Sankt Leonhard auf einem Hügel. Beide Dörfer liegen zu Füßen der mächtigen Felsbarriere des Kreuzkofels/Sa dla Crusc. An seinen Sockel führt von Pedratsches/Pedraces aus ein Sessellift zum Bergheiligtum und Wallfahrtsort Heiligkreuz. Die kleine Höfegruppe von Pransarores unterhalb der Kreuzkofelgruppe gehört zu den charakteristischsten »viles« von Abtei/Badia.

Weiter talauswärts steht die Berggemeinde Wengen/La Val (1212 Einwohner) in starkem Kontrast zu den mondänen Hotelsiedlungen von Hochabtei/Alta Badia. Von der unscheinbaren Talsiedlung Pederoa/Pidrô führt die Bergstraße hoch zu dem malerischen Dörfchen, dessen ländlich-bäuerliche Atmosphäre nahezu intakt geblieben ist. Wengen/La Val gehört zu den wenigen Gadertaler Dörfern, in denen noch die Handweberei als traditionelles Handwerk ausgeübt wird. Den bukolischen Charakter des Hochtals unterstreichen die ungewöhnlich zahlreichen »viles«. Sie heißen Ćiàns und Ćiampëi, Miribung, Rü, Tolpëi oder Taèla. Als Juwel der Gadertaler Architektur gilt der Weiler Runch, dessen Häuser sich um einen zur Talseite offenen Dorfplatz reihen. Sein ältestes Gebäude, ein ganz aus Holz gefügtes Wohnhaus, stammt aus spätromanischer Zeit. Zur Gänze gemauert ist ein großer gotischer Bau, der einst als Gerichtssitz diente und Einrichtungsgegenstände aus dem 16. Jahrhundert besitzt.

Sankt Martin in Thurn/San Martin de Tor (1519 Einwohner) ist ebenfalls eine Gemeinde mit mehreren Dörfern und gehört wie Wengen zu den stillen Plätzen im Tal. Die kleine Siedlung Piccolein/Picolin oberhalb der Straße ist Sitz der Gemeinde. Gegenüber liegt Sankt Martin, dort residiert das Ladinische Kulturinstut »Micurà de Rü«. Das Wahrzeichen des Dorfs, Schloß Thurn/Ciastel de Tor, hat unlängst das Land Südtirol gekauft, um ein ladinisches Landesmuseum einzurichten. Hoch am Berghang, überragt vom imposanten Peitlerkofel, liegt das malerische Dörfchen Untermoi/Antermëia, ein idealer Ausgangspunkt für Bergwanderungen. Auch das Ortsbild von Campill wird vom Peitlerkofel beherrscht – und von wunderschönen »viles« wie Miscì oder Seres mit seinen acht alten Mühlen am Seresbach.

Enneberg/Mareo (2593 Einwohner) ist mit einer Fläche von mehr als 160 Quadratkilometern die größte Gadertaler Gemeinde. Sie setzt sich zusammen aus dem Hauptort und Gemeindesitz Sankt Vigil/Al Plan de Mareo, aus der Pfarre Enneberg/La Pli de Mareo und aus den Siedlungen und Dörfern Hof/Curt, Montal/Mantena, Plaiken/Pliscia, Welschellen/Rina und Zwischenwasser/Longega. Außerhalb des Tals von Enneberg/Mareo liegen die Häusergruppe von Zwischenwasser/Longega und das äußerst reizvoll gelegene Bergdörfchen Welschellen/Rina, das mit der Welschellener Alm und den Glittnerseen zwei besonders lohnende Wanderziele besitzt. Nach Sankt Vigil/Al Plan, ein in kurzer Zeit kräftig gewachsenes Hoteldorf modernen Zuschnitts, zieht es die Wintersportler zu den Skigebieten am Kronplatz und am Piz de Plaies. In die alte Pfarre Enneberg/La Pli pilgern seit alters her die Wallfahrer zu »Unserer Lieben Frau« in der Pfarrkirche. Das Dorf liegt etwas abseits des Skiterrains und ist darum noch ziemlich ruhig geblieben. Wie in Wengen/La Val, gibt es auch in Enneberg/Mareo auffallend viele »viles«. Ćiaseles ist vor hundert Jahren abgebrannt und wurde im Original rekonstruiert. Die schönsten Holzbauten, darunter ein ungewöhnliches spätromanisches Haus, sind in Fordora zu finden.

Holz hält fast ewig: Bäuerliche Kultur und Kunst

Zu den kreativsten Künstlern der ladinischen Täler sind die Bauern selbst zu zählen, die Architekten und Baumeister der ladinischen »viles« und Höfe. Die genaue Kenntnis der Natur und des Geländes, der unmittelbarer Bezug zu den ursprünglichen Bedürfnissen des Wohnens und Wirtschaftens und die Notwendigkeit, alle Baumaterialien der nächsten Umgebung zu entnehmen, sind die Gestaltungskräfte gewesen, mit deren Hilfe die Siedler Ensembles geschaffen haben, deren Harmonie und Stimmigkeit noch heute besticht. Doch alle diese Kunstwerke sind gefährdet. Viele Gebäude sind schon verfallen oder mit Beton und Kunststoff zu Tode saniert. Unsensibel placierte Neubauten stören das Gleichgewicht der Ortsbilder. Erst seit den achtziger Jahren stehen die »viles« in der Obhut des Landesamts für Landschaftsschutz. Das hat seither die nicht einfache Aufgabe, die Bedürfnisse und Möglichkeiten bau- oder umbauwilliger »viles«-Bewohner mit der Bewahrung des genius loci dieser uralten Siedlungen und Anwesen in Einklang zu bringen.

Viele bäuerliche Gerätschaften, Handwerkzeuge und Schmuckgegenstände, die einst in den ladinischen Höfen und »viles« üblich und unentbehrlich waren, kann man heute nur mehr im Museum sehen. Die derzeit größte Sammlung zeigt das Grödner Heimatmuseum in der »Cesa di Ladins« von Sankt Ulrich/Urtijëi. Es ist bisher das einzige Museum, das ladinisches Kultur- und Naturgut in größerem Rahmen zeigt: Eine Retrospektive des Grödner Holzspielzeugs aus der Zeit zwischen 1700 und 1900 sowie ältere und neuere Schnitzwerke und Skulpturen von Grödner Künstlern. Einen Gedächtnisraum mit Erinnerungsstücken aus dem Nachlaß von Luis Trenker. Archäologische Funde, darunter als Prunkstück den Dolch vom Heidensteig Troi Pajan aus der Bronzezeit, und Schätze der einheimischen Natur, Mineralien, Pflanzen, Tiere. Die Einrichtung eines ladinischen Landesmuseums im Gadertal ist überfällig. Dort gibt es mit dem kleinen Pic Museo Ladin in Sankt Kassian/San Ćiascian nur eine unzulängliche Behausung für die volks- und naturkundlichen Schätze Ladiniens.

Im Tal der Schnitzer macht sich die traditionelle Schaffensfreude der Grödner Künstler auch außerhalb musealer Schauräume oder Ateliers unter freiem Himmel bemerkbar. Bei der Villa Venezia in Sankt Ulrich/Urtijëi lenkt der 1904 entstandene römische Legionär von J. B. Moroder die Aufmerksamkeit auf sich. Oberhalb des Orts setzt der fast vier Meter hohe Gekreuzigte von Coldeflam des Bildhauers Luis Insam-Tavella weithin sichtbar ein Zeichen der Frömmigkeit. Auf einer Felskanzel in mehr als 2000 Metern Höhe steht das Kruzifix von Seura Sas von Vinzenz Peristi und Baptist Walpoth.

Wahrzeichen der alten Welt: Burgen und Kirchen

Die Kirche im Dorf und da oder dort eine Burg auf dem Hügel. Das ist im gesamten Alpenraum das klassische Ortsbild. In den ladinischen Dörfern ist es nicht anders. Prächtige Schlösser, opulent ausstaffierte Gotteshäuser wird man dort freilich vergeblich suchen. Hier wirkt die Vergangenheit besonders deutlich nach: Das jahrhundertelange abgeschottete Dasein der Ladiner. Die homogene Gesellschaftsstruktur einer bis ins 20. Jahrhundert rein agrarischen autochthonen Bevölkerung – mit mehr schlechtem als rechtem Auskommen statt eines satten Einkommens, das Investitionen in einen »Überfluß«, in Kunstschätze, erst möglich macht.

Die profanen Denkmäler Ladiniens haben die Feudalherren und ihre Vertreter der Nachwelt hinterlassen. Zahlreich sind sie nicht. In Gröden/Gherdëina ist neben den Restmauern der einstigen kühnen Felsenburg Wolkenstein an der Steviawand als einziges intaktes Ensemble nur die Fischburg zwischen Sankt Christina/San Crestina und Wolkenstein/Sëlva erhalten, eine Anlage, die Engelhard Dietrich von Wolkenstein zwischen 1622 und 1641 als befestigten Wohnsitz errichten ließ. Im Gadertal ist der bereits 1260 urkundlich erwähnte ehemalige bischöfliche Gerichtssitz Schloß Thurn/Ciastel de Tor die einzige erhaltene Burganlage. Darüber hinaus sind noch einige Ansitze der einstigen Adelsgeschlechter erhalten, in Piccolein/Picolin beispielsweise der Ansitz Freyegg, in Enneberg/Mareo die Edelsitze Moreck (Gasthaus Trebo), Asch und Rost, in Pedraces die Ansitze Colz und Sompunt, in Stern der Ansitz Rubatsch.

An den Kirchen der ladinischen Täler fällt auf, daß eine ganze Stilepoche, die Renaissance, spurlos an ihnen vorbeigegangen ist. Die meisten Gotteshäuser stammen aus gotischer Zeit und wurden im Barock, im Rokoko oder in der Neoklassik des 19. Jahrhunderts je nach Bedarf neu gebaut, erweitert oder neu ausgeschmückt. Eines der schönsten ladinischen Gotteshäuser ist die festliche Pfarrkirche von Sankt Leonhard. An ihren gotischen Turm baute von 1776 bis 1778 der Meister Franz Singer aus Götzens in Tirol ein neues Kirchenschiff. Dessen Inneres ist mit Stukkaturen von Singer und Wandgemälden von Matthias Günther so reich verziert, daß die Kirche zu Recht als eines der wertvollsten Beispiele für das Südtiroler Rokoko gilt. Von Sankt Leonhard wechselte Baumeister Singer nach Sankt Vigil/Al Plan. Auch dort blieb der gotische Turm erhalten, die Pfarrkirche wurde 1781/82 neu erbaut und mit opulenten Innendekorationen geschmückt. Vollkommen barockisiert worden ist 1764 die ursprünglich gotische Pfarr- und Wallfahrtskirche von Enneberg/Mareo. Sogar die Sakristei bekam eine Stuckdecke. Das Gnadenbild der Maria mit Kind aus dem 15. Jahrhundert allerdings, zu dem seit alters die Wallfahrer ihre Sorgen und Hilferufe tragen – das behielt seinen Platz am Hochaltar.

Gleich zweimal innerhalb von nur fünfzig Jahren mußte im 18. Jahrhundert die Pfarrkirche von Sankt Ulrich neu gebaut werden. Der erste barocke Neubau von 1746 war bald so baufällig, daß schon von 1791 an das nächste Gotteshaus gemauert wurde, im spätbarocken Stil. Selbstverständlich haben die Grödner Schnitzer mehrerer Jahrhunderte ihre Pfarrkirche überreich mit Skulpturen und Gemälden bedacht. Josef Moroder-Lusenberg zum Beispiel eine Mater Dolorosa und das Gemälde »Anbetung der Könige« am Hauptaltar, Ludwig Moroder den Kirchenpatron und Rudolf Moroder-Lenert eine heilige Elisabeth.

Im gotischen Stil erhalten geblieben sind in den ladinischen Tälern das Knappenkirchlein Sankt Barbara in Wengen und die kleine alte Pfarrkirche von Corvara, das Friedhofskirchlein Sankt Anna in Sankt Ulrich/Urtijëi und das wunderhübsche Kirchlein Sankt Jakob in Sacun oberhalb des Orts. An magisch schöne Plätze wie diesen haben die Ladiner von einst Gott und seinen Heiligen noch manche andere Kirchlein und Kapellen gebaut. Am exponiertesten, unter den Wänden des Kreuzkofels, liegt die 1484 geweihte und mehrmals erneuerte kleine Wallfahrtskirche zum heiligen Kreuz.

Künstler, die aus den ladinischen Tälern stammen und in aller Regel auch dort gewirkt haben, sind bis 1800 vorwiegend Maler, Bildhauer oder

Schnitzer gewesen. Die Kunstschule von Sankt Ulrich/Urtijëi ist noch heute eine Nachwuchsschmiede für das ganze Land Südtirol, und nach wie vor finden sich in der Südtiroler Kunstszene auffallend viele junge Ladiner. Die Geistlichen der beiden Täler sind vom 19. Jahrhundert an die ersten Vorkämpfer für ladinisches Nationalbewußtsein, aber auch Heimat- und Naturforscher gewesen. Musiker und Komponisten, die über Ladinien hinaus Anerkennung gefunden haben, scheinen in den lokalen Chroniken ebenfalls auf. Eine eigenständige Literatur hat sich erst spät zu entwickeln begonnen. Auf Namen und Werke all der Kunst- und Kulturschaffenden der Vergangenheit und Gegenwart einzugehen, würde den Rahmen dieses Buchs sprengen. Welche Zeichen sie in ihrer Heimat gesetzt haben und setzen, das kann man am besten an Ort und Stelle betrachten – und zwar nicht nur in den Kirchen und im Museum, sondern auch in den Galerien und Ateliers der zeitgenössischen Künstler oder im Ladinerinstitut in Sankt Martin, das den künstlerischen Nachwuchs mit Ausstellungen unterstützt. Seit mit der Dreisprachigkeit Ernst gemacht wird, werden zunehmend auch lyrische, prosaische oder wissenschaftliche ladinische Texte ins Deutsche und Italienische übersetzt. Der Nachholbedarf ist freilich noch groß – es sei denn, man entschlösse sich kurzerhand, selbst Ladinisch zu lernen.

Hochzeitshüte und Haarkrönchen:
Brauchtum zwischen Tradition und Kommerz

Die meisten alpenländischen Bräuche werden auch in den ladinischen Tälern zelebriert. Kirchliche Feste wechseln sich mit Ritualen der Familie oder des Dorflebens ab. Am Tag des Schutzpatrons feiert jedes Dorf sein Kirchweihfest. Einen Herrgottswinkel hat natürlich beinah jede Stube. In

Enneberg/Mareo allerdings gibt es gleich einen ganzen Hausaltar, er wird das ganze Jahr hindurch liebevoll geschmückt. Die klassischen kirchlichen und weltlichen Feste haben durch den Fremdenverkehr wie überall in Südtirol sommers wie winters starke Konkurrenz durch eine unüberschaubare Fülle moderner ritueller Veranstaltungen bekommen. Dazu gehören institutionalisierte Sportveranstaltungen wie die Weltcuprennen in Gröden/Gherdëina und im Gadertal/Val Badia. Dazu gehört auch eine Flut folkloristischer Wald- oder Wiesenfeste, Brauchtums- oder Heimatabende. Nicht selten mißlingt die heikle Gratwanderung zwischen Traditionspflege und Kommerz, und die Befürchtung ist nicht abwegig, daß mancherorts das Land der Dolomiten zu einer Art »Dolodisneyland« mutiert. Andererseits: In jedem Zeitalter entwickelt jede Gesellschaft neue Rituale, die sich alte Elemente ohne Rücksicht auf Purismus einverleibt. So besehen führt beispielsweise jeder noch so kitschig inszenierte Trachtenabend immerhin dazu, daß die althergebrachte Kleidung erstens überhaupt noch geschneidert und zweitens noch getragen wird, statt in musealen Guckkästen zu verstauben.

Begleiten wir die Ladiner durch ihren traditionellen Jahreslauf, dann können wir feststellen, daß sie selbst in unserer angeblich so orientierungslosen Zeit noch eine Reihe traditioneller Fixpunkte für Gemeinsamkeit, Geselligkeit und Besinnung besitzen. Am 1. Januar gehen die Kinder zum Neujahrssingen von Haus zu Haus, zwischen Neujahr und Dreikönig zum Sternsingen. Für ihre Glückwünsche bekommen sie kleine Geschenke. Am Abend des 5. Januar kommt »La vedla Dunacia« mit ihrer ziemlich langnasigen und häßlichen Holzmaske vor dem Gesicht. Diese ladinische Gestalt ist eine Art Frau Perchta. In manchen Tälern kehrt sie mit dem Reisigbesen den Winter aus. In Enneberg heißt sie »poscignara« und tritt als belohnende oder bestrafende Figur auf, ganz ähnlich der italienischen »befana«. Der Fasching beginnt am 6. Januar. Gefeiert wird heute eher im Batmankostüm denn als »Wilder Mann« oder »Altes Weib« mit schwerer Holzmaske. Das traditionelle ladinische Maskentreiben kann man nur mehr außerhalb Südtirols, im Fassatal, erleben.

Alle drei Jahre im Frühling pilgern die Männer aus den zwölf Pfarreien des Gadertals bei der »Ladiner-Wallfahrt« schon seit dem Mittelalter im Dreitagesmarsch zum Kloster Säben. Ebenfalls im feierlichen Zug tragen die Gläubigen jedes Jahr am 13. Juni das Gnadenbild des Gekreuzigten aus dem Tal zur Wallfahrtskirche Heiligkreuz hinauf. Jedes Jahr Anfang August richten die drei Grödner Gemeinden abwechselnd das Fest »Gröden in Tracht« aus. Die Grödner Festtagstracht gilt als eine der schönsten und reichsten Südtirols. Besonders auffällig ist die kunstvoll aus Perlen und Goldlitzen, aus Blumen und anderem Zierat gefertigte »gherlanda spiza«, eine Art Krönchen als Kopfschmuck für die jungen Mädchen und unverheirateten Frauen. Im Gadertal/Val Badia schmücken diese ihre Haare mit einem zierlichen Wachskränzchen. Viele Frauen aus beiden Tälern legen ihre Tracht auch am 15. August zum Feiertag Mariä Himmelfahrt an. Zu Ehren der Gottesmutter arrangieren sie wunderschöne Blumenkörbchen, die sie zum Einsegnen in die Kirche bringen. Die Frauen aus Abtei feiern eine Woche später auch noch das Fest der heiligen Anna mit einer Prozession beim Bergkirchlein Heiligkreuz.

Bei Trachtenhochzeiten im Gadertal tragen die Männer einen besonderen Schmuck. Am prächtigsten herausgeputzt ist der Hut des Brautbegleiters »Prom s'unsel«. Alle anderen Junggesellen tragen mit Blumen und Federn phantasievoll dekorierte »Hochzeitshüte«.

Ein traditionelles herbstliches Fest ist der Almabtrieb im Oktober. Die Rinder bekommen große Glocken um den Hals, zwischen die Hörner leuchtend bunten Kopfputz. Mitte Oktober ist seit alters Blättermarkt in

Sankt Ulrich. Nach dem alten Brauch beschenken die Junggesellen an diesem Tag das Mädel ihres Herzens mit einer Birne. Heutzutage freilich werfen manche übermütigen Burschen die Birnen aus Gaudi gleich kistenweise wahllos ins Volk.

Der Nikolaus kommt auch zu den ladinischen Kindern. Seine Begleiter sind außer dem Teufel mit der Rute für die Bösewichte ein Engel und ein Nachtwächter statt eines Knecht Ruprecht wie im deutschen Sprachgebiet. Nur mehr sehr wenige Kinder gehen im Advent jeden Donnerstag am Abend als »Klöckler« von Haus zu Haus mit Glück- und Segenswünschen, für die ihnen eine kleine Belohnung zusteht. Dafür aber wird fast noch in jedem ladinischen Haus zu Weihnachten eine schöne Krippe aufgestellt. Die Figuren stammen selbstverständlich durchwegs aus einheimischen Schnitzwerkstätten.

Erinnern wir uns zum Schluß noch einmal an die alte Königin von Fanes, an ihr Ritual, die Bootsfahrt auf dem Pragser Wildsee. Ihre Geschichte ist eine, die sich jedes Volk zu allen Zeiten in jeweils eigenen Versionen erzählt. Die Geschichte von der Sehnsucht nach einer verlorenen Zeit, nach einer versunkenen Welt, in der das Wünschen noch geholfen hat und alles besser war. Kein Mensch auf der ganzen Erde ist ganz frei von solchen archaischen Sehnsüchten. Nur bringt sie niemand mehr so poetisch in Sagen und Märchen zum Ausdruck, sondern allenfalls in zutiefst pessimistischer Zivilisationskritik. Die Erzählung von der unverdrossenen Wiederkehr der Faneskönigin erinnert auch an das »Prinzip Hoffnung«. Der Unterschied zwischen dem Gestern der Sage und der heutigen Realität: Warten auf bessere Zeiten genügt nirgends und längst nicht mehr auf unserer rundum blessierten Welt. Auch davon allerdings künden die Dolomitensagen: Ihr Glück schmieden können letztendlich nur die Menschen selbst.

Blick vom Weiler Runggaditsch
nach Sankt Ulrich/Urtijëi
im Grödner Tal

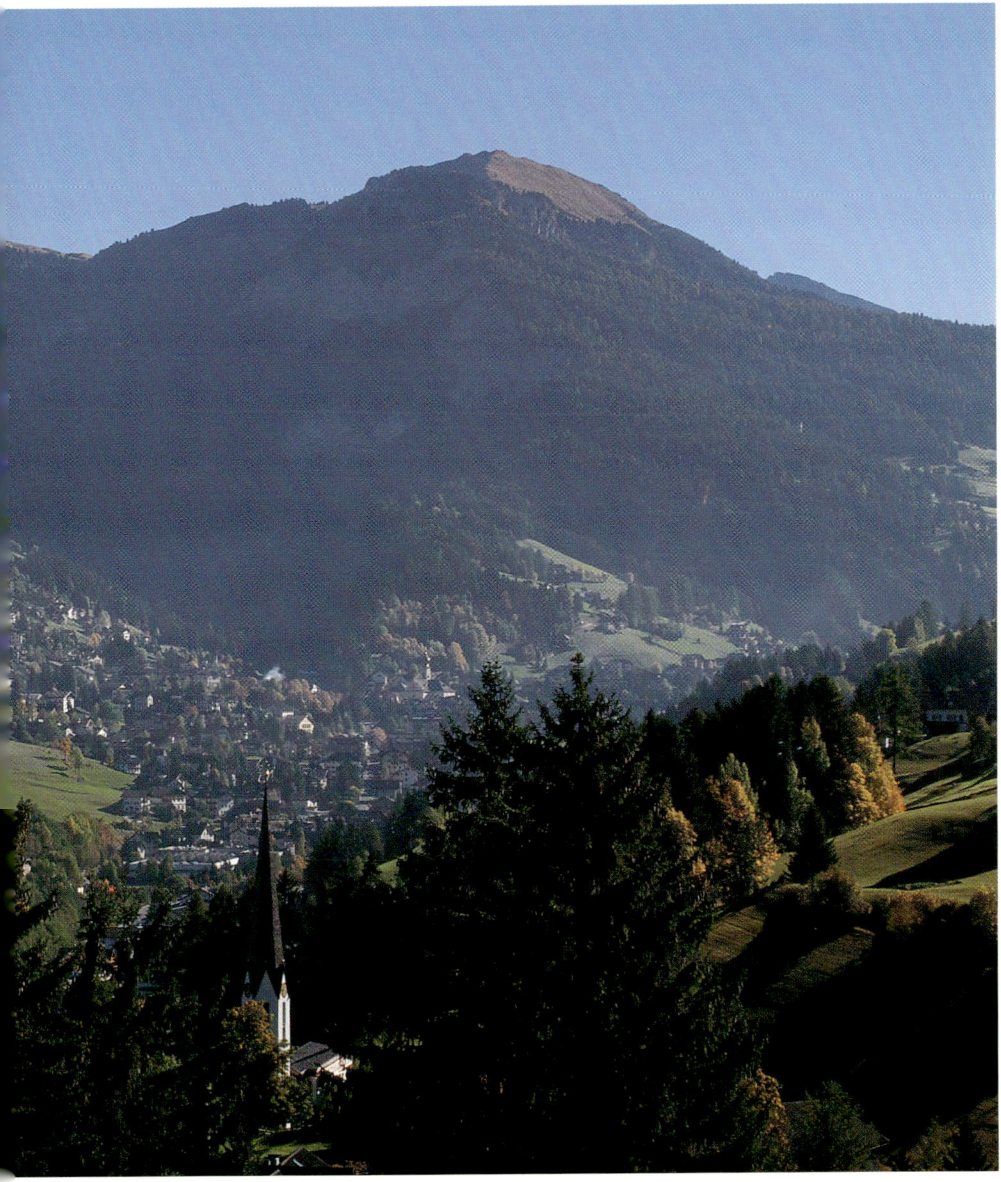

Grödens Hauptort
Sankt Ulrich/Urtijëi
mit dem Langkofel

Jahrhundertwende-Häuser
und auffällig verzierte Fassade
im Zentrum von
Sankt Ulrich/Urtijëi

Der ladinische Weiler
Pufels/Bula südlich des Grödner
Bachs und ein altes Wegkreuz
der Grödner Holzschnitzer

Ein Bauernhof im Grödner Annatal

Musikanten und Marketenderinnen einer ladinischen Blasmusikkapelle

Mädchen in der Grödner
Tracht mit dem Haarkrönchen
»gherlanda spiza«
und Grödner Bauern

Das älteste Kirchlein Grödens, Sankt Jakob
in Sacun, vor dem Langkofel

Gotisches
Freskengemälde
an der Fassade
von Sankt Jakob

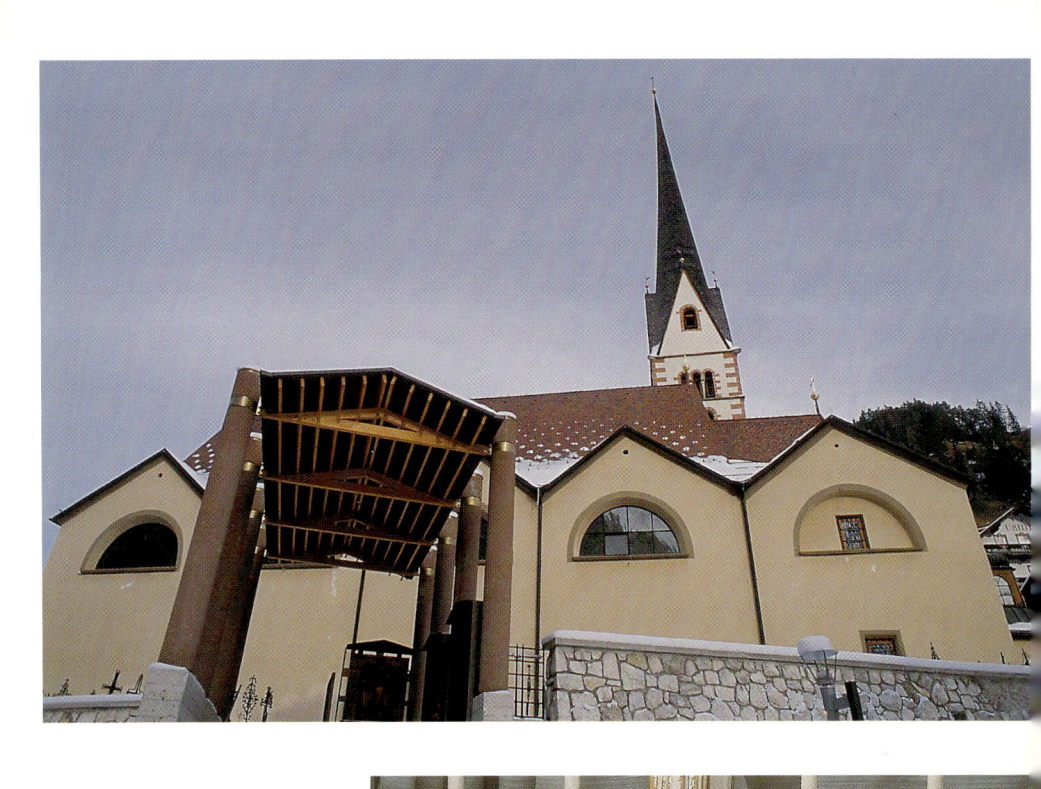

Die der Namenspatronin geweihte Kirche von Sankt Christina/Santa Crestina und ein Fenster mit geschnitzten Grödner Holzfiguren

Der Urhof »Crepa« auf
Plejdinàz hoch über
Sankt Christina/Santa
Crestina

Die Türme der fast vierhundert Jahre alten Fischburg der Grafen von Wolkenstein bei Sankt Christina/Santa Crestina

Die Ruine
der mittelalterlichen
Burg Wolkenstein

Das Dorf Wolkenstein/Sëlva, beherrscht vom Sellamassiv, und Fassadenschmuck an einem Grödner Haus

Das Langental, ein unbesiedelter Seitenarm des Grödner Tals, und die festlich geschmückten Hüte der Schützen

Der kostbare Flügelaltar mit dem
Katharinabild im gotischen
Kirchlein von Corvara und
der stolze Herr eines Hühnerhofs

Die Pfarrkirche
zum heiligen Vigilius
im Hochabteitaler Dorf
Kolfuschg/Calfosch
vor der Felskulisse
der Sella

Das Hochabteitaler Dorf Stern/La Ila
mit dem Sassongher

Die Pfarrkirche von Sankt Kassian/San Ciascian und der wuchtige Ansitz Rubatsch in Stern, von den Ladinern »La Gran Ciasa« genannt

Die Pfarrkirche von Sankt Leonhard/San Linert und das berühmteste Gadertaler Bergheiligtum, die Wallfahrtskirche zum Heiligen Kreuz, an der Felswand des Kreuzkofels

Einer der Gadertaler »viles«,
der Weiler Pransarores unter
dem Kreuzkofel, und
ein Gadertaler Bauerngarten

Das spätgotische Kirchlein
Sankt Barbara in der Gadertaler
Berggemeinde Wengen/La Val

Die »viles« Runch und Lunz
in Wengen/La Val

Schloß Thurn, das Wahrzeichen von Sankt Martin/San Martin de Tor, und eine Sonnenuhr an der Kirche des Dörfchens Untermoi/Antermëia

Das alte Bauernbad Valdander
in Untermoi/Antermëia

Roß und Bauer
bei der Feldarbeit
im Weiler Miscì
bei Kampill

Ein Favà, ein Holzgerüst zum Trocknen der Ernte, im Weiler Seres bei Kampill und ein Belüftungsloch in der Scheunenwand eines Bauernhauses in Seres

Der Weiler Ciaseles mit Blick
auf Sankt Vigil/Al Pan de Mareo
im Tal von Enneberg

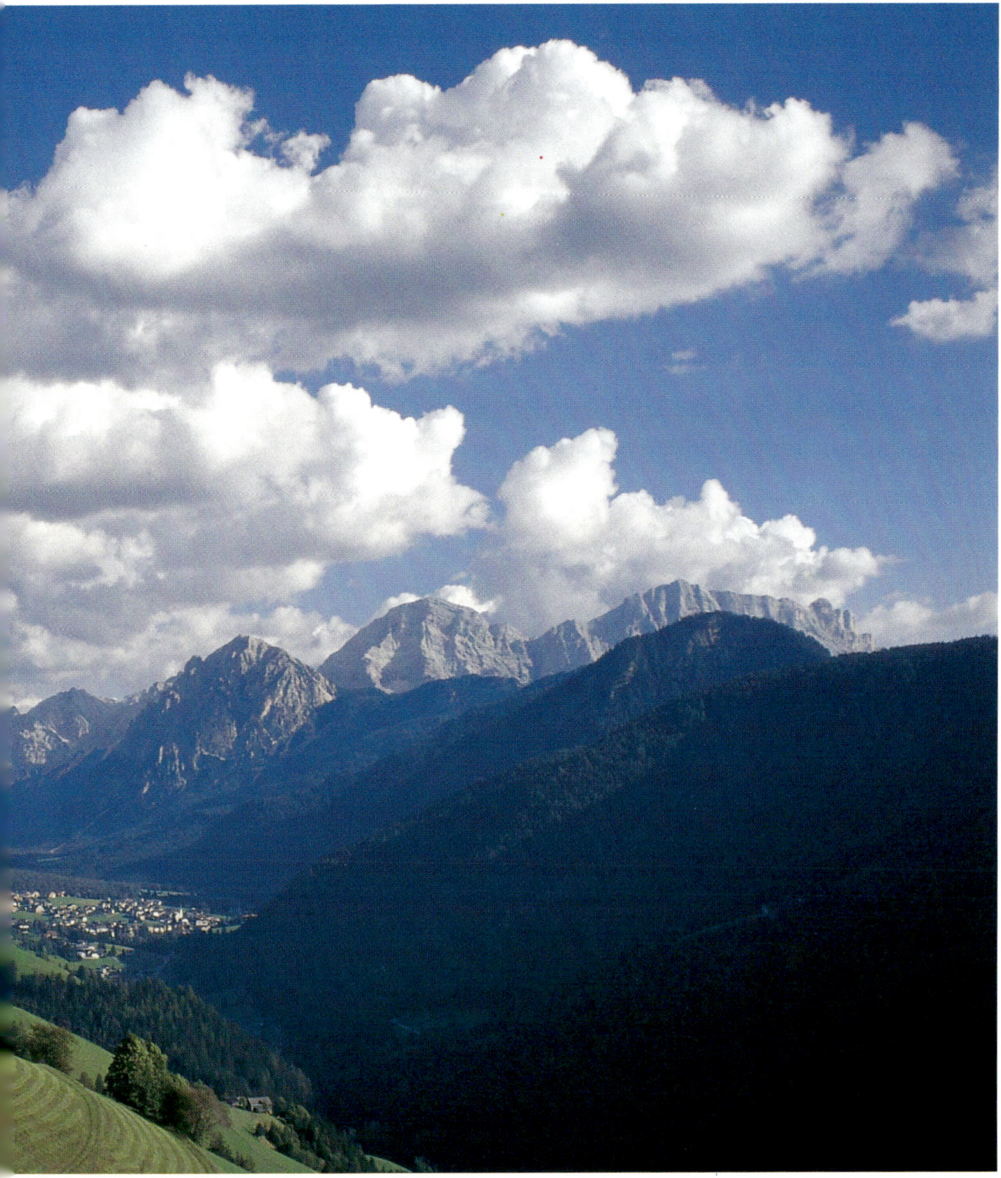

Das Bergdorf
Enneberg, die älteste
Pfarrei des Gadertals

Eine Bäuerin bei der Kartoffelernte, im Hintergrund die Siedlung Curt, und das Kirchenschiff der Pfarr- und Wallfahrtskirche zu Unserer Lieben Frau in Enneberg

Der Weiler Frena
und ein Hof im Dörfchen Curt,
beide in Enneberg

Gadertaler Bergbauern
beim Heuen

Höfe im Weiler Fordora
in Enneberg und
ein Gadertaler Bergbauer
mit Heuballen

Der Weiler Pliscia in Enneberg

Gadertaler Blechbläser und
blühender Fassadenschmuck
an einem Gadertaler Hof